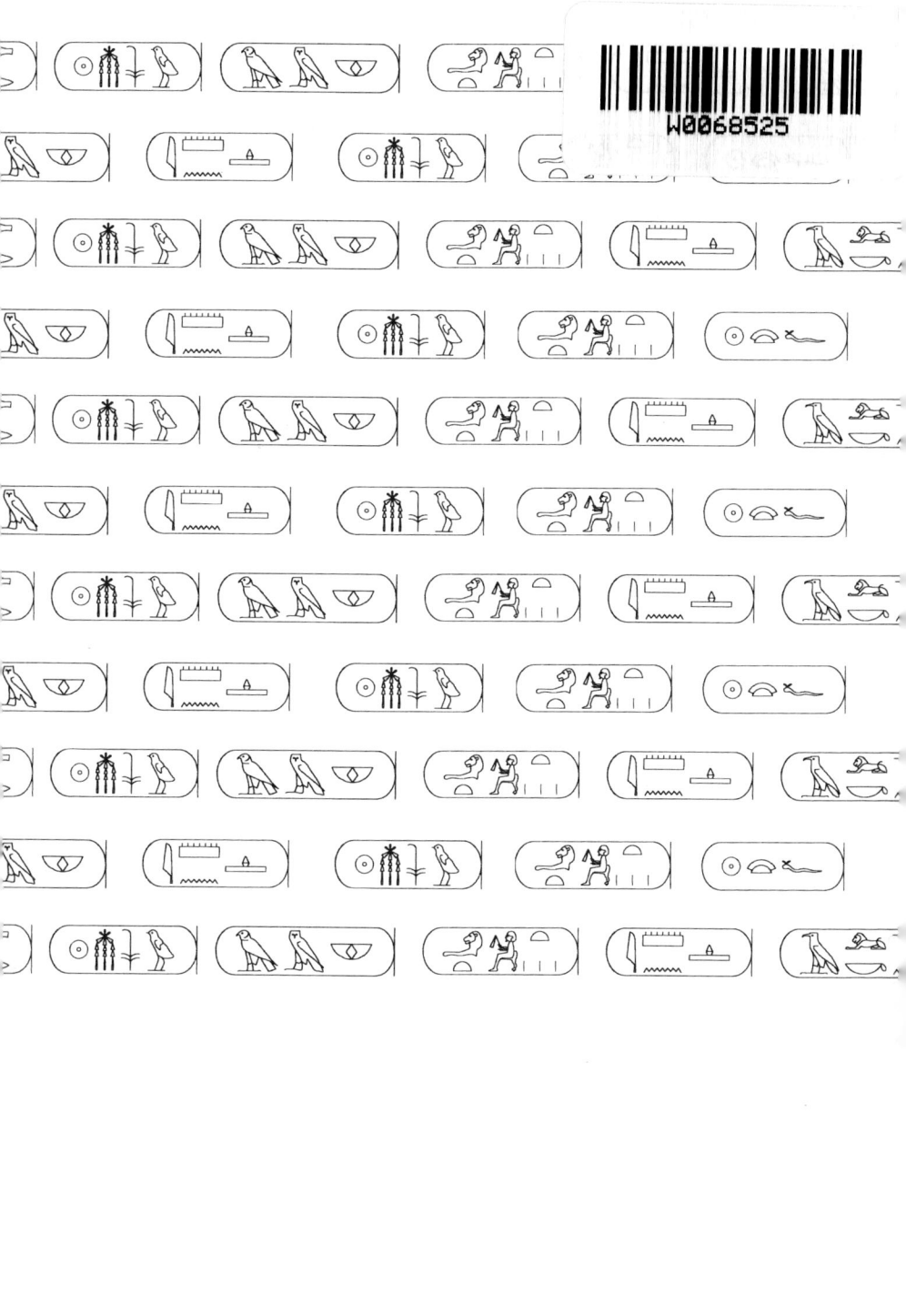

R O W O H L T
B E R L I N

Christian Jacq

Die Welt der Hieroglyphen

Aus dem Französischen von
Theresa Maria Bullinger und Ingeborg Schmutte

Rowohlt · Berlin

1. Auflage September 1999
Copyright © 1999 by Rowohlt · Berlin Verlag GmbH, Berlin
Die Originalausgabe erschien 1994 unter dem Titel
«Le petit Champollion illustré» bei Robert Laffont, Paris
Copyright © 1994, Éditions Robert Laffont, S. A., Paris
Alle deutschen Rechte vorbehalten
Redaktion Julia Kühn
Umschlaggestaltung Büro Hamburg, Susanne Reizlein
(Foto: Photonica, Jake Rajs)
Satz aus der Apollo von Satz-Offizin Hümmer GmbH,
Waldbüttelbrunn
Druck und Bindung Clausen & Bosse, Leck
Printed in Germany
ISBN 3 87134 365 X

Die Schreibweise entspricht den Regeln
der neuen Rechtschreibung.

Inhalt

Einleitung

Wer hat die Hieroglyphen in der Nase?

«Wenn euch die Begeisterung für die Hieroglyphen erst einmal gepackt hat», schrieb der französische Ägyptenforscher Rougé, «dann lässt sie euch nicht mehr los.» Und in der Tat sind die Hieroglyphen verführerisch, denn obwohl sie bereits über 5000 Jahre alt sind, vermögen sie auch heute noch jeden zu faszinieren, der sich leidenschaftlich für das alte Ägypten interessiert. Nimm dich also in Acht!

Noch vor ungefähr fünfzig Jahren interessierten sich nur ein paar Gelehrte, die als eher sonderbar galten, für die tote Hieroglyphensprache der alten Ägypter. Heute hingegen vergnügen sich viele Ägyptenfans mit ihrer Entschlüsselung und erleben dabei aufs Neue die Abenteuer des französischen Ägyptologen Champollion, der die Hieroglyphen entzifferte und dadurch wieder zum Leben erweckte.

Mit diesem Buch kann ich dich natürlich nicht zu einem eingefleischten Ägyptologen machen, auch einen Papyrus wirst du danach nicht wie eine Zeitung lesen können, denn um die Hieroglyphen richtig zu lesen und die schwierigsten Texte entziffern zu können, musst du lange Jahre studieren, und selbst dann wirst du manches Geheimnis nicht lösen können. Aber ich möchte dich einladen, mit mir durch die faszinierende Welt des alten Ägypten zu spazieren und in den Hieroglyphen zu lesen, wie die Ägypter damals die Welt sahen, woran sie glaubten und wie sie lebten. Dafür muss man keine ägyptische Grammatik pauken, denn dafür reicht es schon, wenn man die wichtigsten Hieroglyphen erkennen kann. Vor allem werde ich dir die Bilder und Zeichnungen erklären, denn schließlich schaut man sich die Hieroglyphen ja zuerst an, bevor man sie liest.

Mit ein wenig Übung wirst auch du bald mit den Hieroglyphen vertraut werden, vielleicht sogar so vertraut wie ich. Denn mir passiert es manchmal, dass ich einen Gedanken zuerst als Hieroglyphen und dann erst in meiner Sprache aufschreibe, weil die Hieroglyphen unseren modernen Sprachen oft in Klarheit und Ausdrucksstärke überlegen sind. Denn bei den Hieroglyphen kann ein Zeichen gleichzeitig einen Gedanken, ein Bild und einen Laut ausdrücken – wenn das keine vollendete Sprache ist!

Die alten Ägypter waren eine fröhliche Gesellschaft und freuten sich des Lebens. Mit diesem Buch kannst du an dieser Lebensfreude teilhaben. Die Ägypter hätten dir geraten, «die Hieroglyphen in der Nase zu haben», denn das bedeutet so viel wie, dass du dich freuen und viel Spaß mit den Hieroglyphen haben sollst!

Erste Begegnung mit den Hieroglyphen

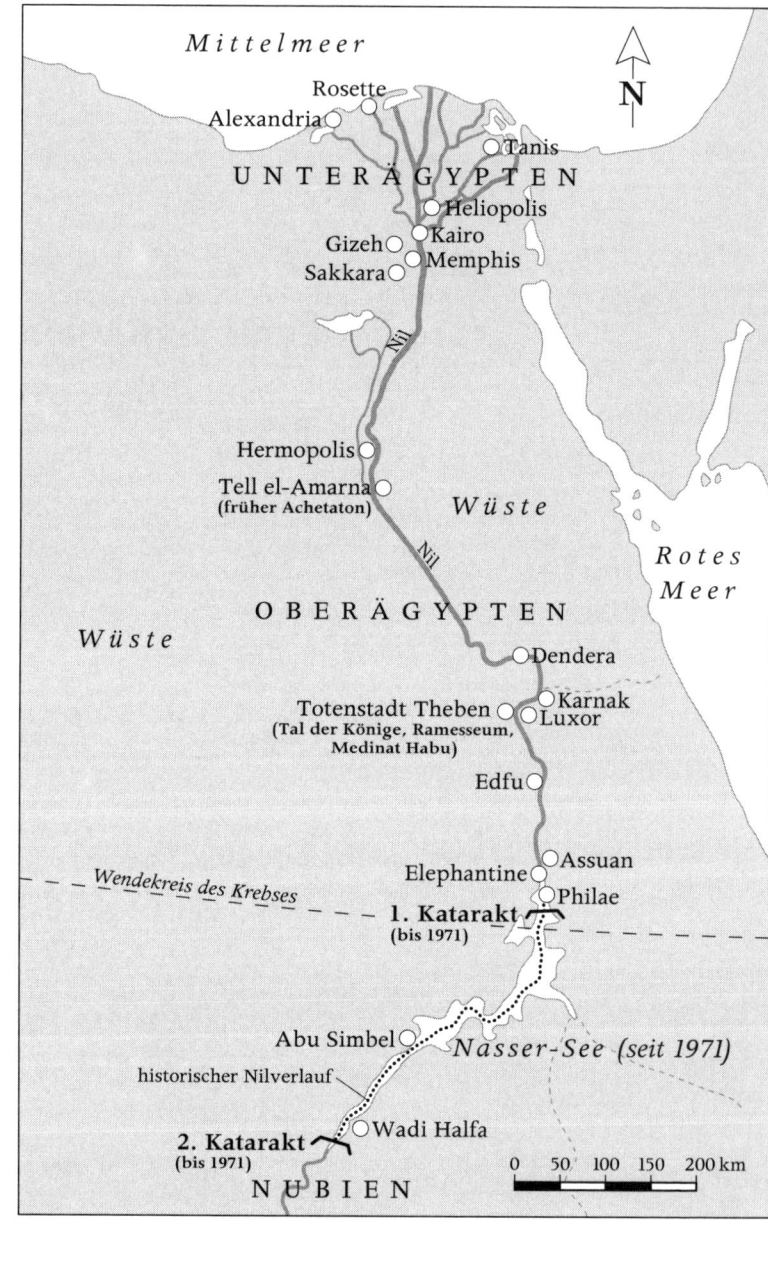

Die Geschichte der Entschlüsselung

Wer kann die Hieroglyphen lesen?

Ehe wir uns wieder den Hieroglyphen widmen können, müssen wir uns erst einmal nach Ägypten verset-
zen, genauer gesagt in die Stadt Rosette. Hier zog im
Jahr 1799 ein Franzose namens Bouchard, der Pionieroffizier im Expeditionskorps von Napoleon war, eine
mit Inschriften bedeckte Steinstele aus dem Boden.
Der brave Soldat konnte die Inschriften allerdings
nicht lesen, handelte es sich bei ihnen doch um einen
priesterlichen Erlass aus dem Jahre 196 v. Chr. zu Ehren des ägyptischen Königs Ptolemaios V.
Gelehrte stellten dann fest, dass es sich bei den Texten
auf dem Stein um drei verschiedene antike Sprachen
und Schreibweisen handelte: die Hieroglyphen, die
demotische Schrift (die Nachfolgerin der Hieroglyphen-Schrift) und das Griechische. Da stellte sich natürlich die große Frage, ob es sich auf dem Stein
etwa um ein und denselben Text handelte, der lediglich in drei verschiedenen Sprachen verfasst wurde.
Wenn das der Fall wäre, dann hätte man die griechische
Übersetzung eines bis dahin unlesbaren Hieroglyphen-
textes gefunden und damit elf Jahrhunderte nach dem
Aussterben des Wissens um die Hieroglyphen einen

Schlüssel zu ihrer Entzifferung in der Hand! Denn spätestens seit der Eroberung Ägyptens durch die Araber im Jahr 639 unserer Zeitrechnung war die Sprache der Hieroglyphen gänzlich verstummt. Niemand konnte die seltsamen Bildzeichen mehr lesen oder wusste, dass sie eine Sprache bildeten – man tat sie als magische Beschwörungsformeln ab. Hatten die antiken Völker und auch die frühen Christen und manche Kirchenväter noch Ehrfurcht gegenüber der Weisheit der Hieroglyphen bezeugt, so wurde diese Bewunderung mit der arabischen Eroberung Ägyptens radikal ausgelöscht. Denn mit den Besatzern kamen eine fremde Sprache, eine fremde Religion, fremde Bräuche und Denkweisen nach Ägypten. Wir wissen nicht, ob das altägyptische Wissen um Götter, Ideale und Mythen, das zum Verständnis der Hieroglyphen notwendig war, danach noch mündlich weiterüberliefert wurde. Es ist wahrscheinlich, aber Beweise dafür gibt es nicht.

Sicher ist hingegen, dass der Pionieroffizier Bouchard im Jahr 1799 die Hieroglyphen auf dem «Stein von Rosette» nicht mehr lesen konnte. Und den Gelehrten von Napoleons Ägypten-Expedition erging es nicht besser. Weil Napoleon nach einer militärischen Katastrophe aber seine Männer in Ägypten im Stich ließ, besetzten die Briten Ägypten und bemächtigten sich des «Steins von Rosette». Diesen brachten sie nach London ins Britische Museum, wo er noch heute mit folgender Inschrift zu sehen ist: *Conquered by the British Armies* («Erobert von den britischen Armeen»). Bevor der Stein den Briten in die Hände fiel, hatten die Franzosen sich allerdings eine Kopie davon angefertigt – sie hatten ihn also nicht ganz verloren.

Vor der Entdeckung des «Steins von Rosette» hatte es bereits zahlreiche Versuche gegeben, die Hieroglyphen zu entschlüsseln – alle erfolglos. Man glaubte schließlich, die Hieroglyphen seien lautlose, also unaussprechbare Symbole, die für immer rätselhaft bleiben würden. Doch durch den Steinfund erwachte das Interesse an der Entzifferung der Hieroglyphen aufs Neue. Einem Engländer namens Young gelang es sogar, einige Zeichen zu entschlüsseln, aber dann musste er aufgeben.

Einer der vielen, die nun versuchten, das Geheimnis der Hieroglyphen zu lüften, war der Franzose Jean-François Champollion. Er wurde am 23. Dezember 1790 in der französischen Stadt Figeac geboren. Er war ein überdurchschnittlich begabtes Kind und stürzte sich von klein auf in das Studium verschiedener toter Sprachen, lernte aber darüber hinaus auch Chinesisch und Persisch. Er war ein Arbeitstier und lebte einzig dafür, eine außergewöhnliche Aufgabe zu erfüllen, nämlich den Schlüssel zum Lesen der ägyptischen Hieroglyphen wieder zu finden, um das alte Ägypten auferstehen zu lassen. Als Achtundzwanzigjähriger bekannte er in einem Brief: «Ich gehöre ganz und gar Ägypten, Ägypten bedeutet mir alles.»

Champollion war hoch begabt, ein wahrhaft Auserwählter, und deshalb wurde er von den meisten berühmten Forschern seiner Zeit beneidet und gehasst. Aber trotz seines Genies war Champollion oft verzweifelt: Um seine Gesundheit stand es nicht zum Besten, und da er keine feste Anstellung hatte, fehlte es ihm an Geld, außerdem weigerten sich seine Forscherkollegen, ihm die Originaldokumente auszuhändigen, die er für seine Arbeit benötigte; aber am allermeisten schmerzte ihn, dass er den Schlüssel zu den Hieroglyphen nicht finden konnte.

«Ich hab's gelöst!»
oder Champollions Meisterleistung

Paris, den 14. September 1822.

Im Institut de France döst man vor sich hin; Champollions Bruder arbeitet in seinem Büro. Es ist ein Gelehrtentag wie jeder andere, grau, trüb und leidenschaftslos.

Plötzlich geht die Tür auf. Jean-François Champollion stürmt im Zustand höchster Erregung herein, schreit «Ich hab's gelöst!» und wird ohnmächtig.

Er ist so überwältigt von seiner Entdeckung, dass er tagelang in einem lethargischen Zustand verharrt. Dann macht er sich noch immer völlig entrückt von der Welt ans Werk, um mehrere Jahrtausende Geschichte und Zivilisation zu entschlüsseln.

Champollions Entdeckung ist eine ganz erstaunliche Leistung gewesen. Was Computer bis heute nicht schaffen, nämlich Sprachen zu entziffern, die sogar viel einfacher als die Hieroglyphen sind, das gelang hier einem einzigen menschlichen Gehirn – oder, besser gesagt, einem einzigen Herzen, denn so sehr war Champollion mit seinem Studienobjekt verwachsen. Champollions beachtliches Wissen allein hätte nicht ausgereicht, um das Rätsel der Hieroglyphen zu lösen und den Schleier vor der Vergangenheit zu lüften, dafür bedurfte es einer unerhörten Eingebung.

Vor Champollion existierten zwei große Theorien: Nach der ersten waren die Hieroglyphen weder Laute noch Buchstaben wie die unseres Alphabets, sondern Symbole und Bilder. Eine Hieroglyphen-Ente würde demnach eine Ente meinen, darüber hinaus jedoch noch etwas anderes symbolisieren; nur was dieses andere war, das wusste man nicht.

Nach der zweiten Theorie stand jede Hieroglyphe für einen Laut oder einen Buchstaben. Die Ente stünde also möglicherweise für ein A, ein B oder ein AU. Aber wie sollte man bloß wissen, welches die richtige Aussprache des jeweiligen Zeichens war?

Einzeln betrachtet war keine der beiden Theorien richtig; man musste sie vereinen und darüber hinausgehen. Das genau war die unerhörte Eingebung von Champollion. Er beschreibt sie in seinem Brief an den Baron Dacier vom 17. September 1822, der gewissermaßen die Geburtsurkunde der wieder entdeckten Hieroglyphen ist:

Es ist ein komplexes System, eine gleichzeitig figurative, symbolische und phonetische Schrift in ein und demselben Text, ein und demselben Satz, ich würde fast sagen in ein und demselben Wort.

Dies ist zwar glänzend und genial formuliert, doch mit dem berühmten Relativitätsgesetz $E = mc^2$ von Einstein insofern vergleichbar, dass es ohne Einschränkung bewundert wird, aber völlig unverständlich bleibt.

Um es etwas besser zu verstehen, bedienen wir uns wieder einmal unserer Hieroglyphen-Ente und betrachten sie ganz aus der Nähe, aus drei verschiedenen Blickwinkeln:

1. Wie an der Haltung, dem Kopf, dem Schnabel, dem Körper, den Füßen und dem Schwanz zu sehen ist, stellt diese Zeichnung zweifellos eine Ente dar. Wir können dieses Zeichen also mit «Ente» übersetzen; in diesem Fall ist die Hieroglyphenschrift eine *figurative* bzw. figürliche Schrift.

2. In manchen Fällen ist jedoch offensichtlich, dass dieses Zeichen keinesfalls eine «Ente» meinen kann, zum Beispiel dann, wenn der Vogel zusammen mit der Hieroglyphen-Sonne als Bezeichnung für den Pharao verwendet wird:

Die richtige Übersetzung ist hier nicht «Ente der Sonne», sondern «Sohn der Sonne».

In diesem Fall bedeutet die Ente etwas anderes als sie selbst und wird zum Symbol des «Sohnes». Die Hieroglyphen-Schrift ist dann *symbolisch*.

3. Die Hieroglyphen-Ente steht darüber hinaus auch für einen Laut, der gar nicht unbedingt etwas mit den altägyptischen Wörtern für «Ente» oder «Sohn» zu tun haben muss. In diesem speziellen Fall handelt es sich um einen doppelten Laut, bestehend aus S + A = SA. Dieser Laut SA ist eine Art Silbe oder ein Wortteil, der in den unterschiedlichsten Wörtern

enthalten sein kann.[1] Hier funktioniert die ägyptische Schrift *phonetisch* bzw. lautmalerisch.

Nun verstehen wir die geniale Formel von Champollion schon besser. Er fand heraus, dass jede Hieroglyphe drei verschiedene Dinge bedeuten kann: eine Figur oder einen Gegenstand, ein Symbol und einen Laut.

Welche Freude muss es Champollion bereitet haben, als er später auf seiner einzigen Reise nach Ägypten die alten Inschriften auf den Gebäuden lesen und sich so von der Richtigkeit seiner Entdeckung überzeugen konnte! In Wadi Halfa, wo der unüberwindbare zweite Nilkatarakt[2] ihn zur Umkehr zwang, schrieb er am 1. Januar 1829 an den Baron Dacier:

Nun, da ich dem Lauf des Nils von seiner Mündung bis zum zweiten Katarakt gefolgt bin, darf ich berechtigterweise und voller Stolz sagen, dass es in unserem «Brief über das Hieroglyphen-Alphabet» nichts zu verändern gibt. Unser Alphabet ist richtig, man kann es mit gleichem Erfolg zuerst auf die ägyptischen Gebäude aus der Zeit der Römer und der Lagiden[3] und dann, was von viel größerem Interesse ist, auf die Inschriften aller Tempel, Paläste und Grabbauten der pharaonischen Epochen anwenden.

---

1 Du kennst das Prinzip vielleicht von Bilderrätseln, wo z. B. ein Bild von Heu dazu dient, alle möglichen Wörter zu bilden, in denen die drei Buchstaben «heu» in dieser Reihenfolge vorkommen, z. B. Scheusal.

2 Ein aus aufragenden Felsen bestehendes natürliches Hindernis im Flussbett des Nils, eine für die Schifffahrt gefährliche Stelle.

3 Die griechischen Herrscher über Ägypten.

Als Verfasser einer Grammatik, eines Wörterbuches und einer Studie über die ägyptischen Gottheiten starb Champollion erschöpft am 4. März 1832 im Alter von zweiundvierzig Jahren.

Nie wird man Champollions wahres Genie genügend preisen können, ohne welches das Ägypten der Pharaonen völlig verschwunden wäre! Er hat eine großartige Kultur und eine uralte Weisheit wieder zum Leben erweckt. Das haben nur sehr wenige Menschen in der Geschichte vollbracht.

Dieses monumentale, mit Hieroglyphen bedeckte Tor
ist der Eingang zum Jenseits. Es steht in Medinet Habu,
das ist der riesige, in Theben am besten erhaltene
Tempel von Ramses III. und seinen Nachfolgern, die alle
daran weitergebaut haben.

Die Geschichte der Entschlüsselung   **19**

Der ibisköpfige Gott Thot, der Erfinder der Schreibkunst, zeichnet die Namen des Pharaos. Zu sehen im Ramesseum, dem Totentempel von Ramses II. in Theben.

Eine heilige Bilderschriftsprache

Eine heilige Bilderschriftsprache

Das Wort «Hieroglyphe» ist nicht ägyptisch; es handelt sich um einen griechischen Ausdruck, gebildet aus *hieros*, «heilig», und *gluphein*, «gravieren». Denn die Griechen hielten die eingravierten Hieroglyphen für eine heilige Schrift oder für ein Abbild des Heiligen, was sie in der Tat sind. Aber wie bezeichneten die Ägypter selbst ihre Sprache?

Sie verwendeten dafür die folgenden zwei Zeichen:

Das erste Zeichen, ist ein Stock. Es steht für die Wörter «Stock» und «Wort».

Das zweite Zeichen, stellt ein am Ende einer Stange befestigtes, im Wind flatterndes Stück Stoff dar. Es steht für «Gott». An der Fassade der Tempel platziert, verkündeten diese Masten die Anwesenheit des Göttlichen.

Für einen Ägypter ist also eine Hieroglyphe gleichzeitig «der Stock Gottes», auf den man sich stützen kann, um sein Leben zu meistern, und «das Wort Gottes», auf das man hören muss.[1]

---

1 Den Phonetik-Liebhabern, die darauf brennen, rasch voranzukommen, verrate ich jetzt schon, dass ⌠ den drei Lauten M + D + U entspricht, die das Wort MEDU bilden (man fügt unwillkürlich ein stummes e zwi-

Um dir das erste Verständnis zu erleichtern, habe ich den Ausdruck etwas vereinfacht. In den Inschriften erscheint er nämlich wie folgt:

Wie lässt sich diese leicht veränderte Darstellung erklären? Der altägyptische Schreiber hat ⸗, «Gott», vor ⸗, «Stock», gesetzt, um seinen Respekt vor dem Göttlichen auszudrücken, dem der erste Platz gebührt.

Die drei übereinander angeordneten Striche, ⸗, sind lediglich das Pluralzeichen und weisen darauf hin, dass *alle* Stöcke, *alle* Worte, *alle* Hieroglyphen gemeint sind. Für die Ägypter waren die Schriftzeichen also «die *Worte* Gottes» (oder «die Stöcke Gottes») – die Griechen lagen mit ihrer Namensgebung demnach ganz richtig.

Wenn man den Namen der alten Ägypter für ihre Schriftzeichen kennt, hat man das Wesentliche daran bereits erfasst: Es handelt sich um eine heilige Schrift. Sie wurde den Ägyptern von ihrem Gott Thot offenbart. Er wird mit einem Ibiskopf dargestellt, weil das Zeichen des Ibis den Begriff «finden» verkörpert. Wenn man diesen wunderschönen Vogel beobachtet, kann man sehen, wie er sich erhaben auf sumpfigem Boden bewegt und mit exakten und sicheren Schnabelhieben seine Nahrung findet.

schen *m* und *d,* um das Wort aussprechen zu können); auch ⸗ entspricht drei Lauten: N + T + R = NETER. Das Ganze wird also MEDU NETER, «die Worte Gottes», «die Hieroglyphen», gelesen.

In der Schilderung der alten Weisen begegnet uns Thot als das «Herz des Lichtes» und die «Sprache des Schöpfers», als Schriftgelehrter, der die Annalen der Götter verfasst.

Jeder Schreiber in Ägypten musste sich vor Beginn seiner Arbeit in einem Gebet an Thot wenden; hier ist ein Auszug davon:

O Thot, schütze mich vor leeren Worten. Stehe hinter mir am Morgen. Komme, der du das göttliche Wort bist. Du bist ein sanfter Brunnen für den durstigen Reisenden in der Wüste, versiegelt für den Geschwätzigen, aber offen für den Schweigsamen.

(Sallier-Papyrus 1, 8, 2–6)

Lebendige und gefährliche Hieroglyphen

Nach dem letzten Stand der Dinge gelten Altgriechisch und Latein als tote Sprachen. Dies kann man von den Hieroglyphen nicht sagen. Da wimmelt es nur so von Lebewesen, Männern und Frauen in Aktion, Vögeln, Säugetieren, Fischen ... vielleicht ist es diese Lebendigkeit, die uns so fasziniert.

Der französische Ägyptologe Pierre Lacau hat folgende treffende Zeilen geschrieben:

In den Augen eines Ägypters ist jedes Bild ein Lebewesen, das sich einer magischen Kraft und einer eigenen Wirksamkeit erfreut. Alle Zeichen der hieroglyphischen Schrift sind Bilder in diesem Sinne. Als Buchstaben haben sie zwar einen bestimmten Lautwert; da sie daneben aber ihre bildhafte Form in aller Deutlichkeit bewahren, behalten sie auch ihre bildhafte Kraft.

Der Löwe z. B. besitzt den phonetischen Wert RU; aber deshalb hört er nicht auf, ein Löwe zu sein; auf gewisse Weise behält er seine Macht als Löwe bei.

Die Ägypter waren von der Wirksamkeit der hieroglyphischen Zeichen so sehr überzeugt, dass sie in manchen Texten die Löwen und die Schlangen zweiteilten oder die gefährlichen Schlangen mit Messern am Boden festnagelten, um ihre Kraft zu brechen und sie unschädlich zu machen.

Trete also in Ägypten einer mit Hieroglyphen versehenen Wand nicht zu nahe und fass sie vor allem nicht an! Denn sicherlich willst du die Zeichen weder beschädigen noch schlafende Löwen oder dösende Schlangen wecken. Wie die Ägypter solltest auch du den Hieroglyphen stets mit Liebe und Respekt begegnen, denn nach ihrem Glauben konnte allein «die heilige Schrift» Unsterblichkeit gewähren.

In der mittelägyptischen Stadt Hermopolis steht das Grab des Weisen Petosiris, des Hohepriesters von Thot, dem Herrn der Hieroglyphen. Darauf kann man folgende Worte lesen:

Euch Lebende, die ihr auf Erden seid und diese Ruhestätte der Ewigkeit seht und an ihr vorbeigeht, werde ich auf den Weg des Lebens führen. Wenn ihr auf meine Worte hört und ihren Sinn beachtet, so wird euch diese Haltung zum Wohle gereichen.

Bedenken wir diesen wertvollen Rat und treten wir den Hieroglyphen ein wenig näher.

Unsterbliche Hieroglyphen

Seit wann gibt es die Hieroglyphen? Das ist schwer zu sagen. Die ältesten Hieroglyphen, die wir kennen, stammen noch aus der Vor- und Frühzeit Ägyptens, so zum Beispiel die Hieroglyphen auf der Palette des Königs Narmer[1] oder die, welche die Keule des Königs Skorpion[2] schmücken. Sie sind mehr als 5000 Jahre alt, also älter als die großen Pyramiden. Diese Hieroglyphen sind alle bereits vollkommen ausgeprägt und von außergewöhnlicher Schönheit. Jede von ihnen ist ein kleines Meisterwerk aus der Hand genialer Handwerker. Der wahre Ursprung der Hieroglyphen aber bleibt geheimnisumwoben. Aus unserer heutigen Sicht erscheint es, als ob sich die Hieroglyphen nicht langsam entwickelt hätten, sondern alle auf einmal

1 Narmerpalette: eine reich geschmückte Tafel aus Schiefer, die zum Schminken benutzt wurde. Auf ihr ist die Vereinigung von Unter- und Oberägypten dargestellt, die um 3150 v. Chr. vom thinitischen König Narmer vollendet wurde. Sie gilt als das erste Bindeglied zwischen der vordynastischen und der dynastischen Zeit Ägyptens. Zu sehen sind der Horusfalke, die gehörnte Göttin Hathor, der Löwe und der Stier als symbolische Verbildlichung der Eigenschaften des Königs, die beiden Kronen von Ober- und Unterägypten sowie der König beim Erschlagen der Feinde.

2 Zeremonialkeule des Königs Skorpion: Sie stammt noch aus der vordynastischen Zeit Ägyptens, entstand damit vor 3150 v. Chr. Schon damals galt der König als Garant für die jährliche Wiederkehr der Nilüberschwemmung und musste die Riten vollziehen, die das Kommen der Flut heraufbeschworen. Diese Riten sind auf der zeremoniellen Keule dargestellt, die den eingravierten Zeichen zufolge einem König namens Skorpion gehörte. Der König trägt die Krone Oberägyptens und wird beim Öffnen eines Bewässerungskanals gezeigt. Daneben sind die Siege des Königs über benachbarte Völker abgebildet.

plötzlich in der uns erhaltenen Vollkommenheit da waren und danach nicht weiter verbessert wurden.

Als Ägyptens Niedergang begann, verloren die Hieroglyphen hier und da an Qualität. Auf den Wänden der großen, 2000 Jahre alten griechisch-römischen Tempel in Edfu, Dendara oder Philae sieht man noch ägyptische Hieroglyphen, aber sie sind plump und schwerfällig gemeißelt und deshalb schwer lesbar, als ob die Hand des Bildhauers an Geschick verloren hätte. Obwohl sich das gesprochene Ägyptisch, wie jede andere Sprache auch, über die Zeit beträchtlich weiterentwickelt hat, ist seine geschriebene Sprache unverändert geblieben, weshalb selbst ein Ägypter zur Zeit der Geburt Christi verstand, was seine Vorfahren vor 3000 Jahren in Stein gehauen hatten. Das ist schon eine ganz beachtliche Leistung, insbesondere, wenn man daran denkt, dass die meisten Deutschen nicht einmal die althochdeutschen Schriften lesen können und sich selbst mit mittelhochdeutschen schwer tun, die doch erst ein paar hundert Jahre alt sind.

Das Ägypten der Pharaonen hingegen hat sich das Herz seines Denkens und seiner Kultur – die Hieroglyphen – bis zu seinem letzten Atemzug bewahrt. Ähnlich wie die Regierungsform des Pharaonentums hat die heilige Schrift das ägyptische Volk über Jahrtausende kulturell geeint und es stark genug gemacht, sich gegen Eindringlinge aus Asien, Persien, Griechenland oder Rom erfolgreich zur Wehr zu setzen. Dann aber besetzten die Christen Ägypten und verboten den Gebrauch der Hieroglyphen. Und mit der arabischen Eroberung danach löste das Arabische als Staatssprache die Hieroglyphen vollständig ab.

Heute sind die Hieroglyphen eine stumme Bilderschriftsprache. Wir können nach Ägypten fahren, um sie zu betrachten, aber nicht um zu hören, wie man sie ausspricht, denn es gibt die Kultur nicht mehr, die die Hieroglyphen mit Leben erfüllte. Wir können nur versuchen, das Geheimnis der Hieroglyphen zu entschlüsseln und Vermutungen darüber anzustellen, wie sie wohl ausgesprochen wurden, aber wir werden niemals ganz genau wissen, ob wir damit tatsächlich Recht haben.

Heutzutage sind wir vor den Hieroglyphen alle gleich. Ob Europäer, Asiaten, Afrikaner, Australier oder Amerikaner – alle müssen wir die Grundbegriffe dieser Sprache der Götter mühsam erlernen, denn für niemanden auf der Welt ist sie die Muttersprache. Im alten Ägypten war das übrigens nicht anders. Dort gab es eine Alltagssprache, in der man sich unterhielt, und die Hieroglyphensprache, die eine nur wenigen Auserwählten vorbehaltene Hochsprache war; um sie zu beherrschen, waren also auch damals schon große Anstrengungen und ein langes Studium nötig.

Die altägyptische Alltagssprache ist tot und für immer verschwunden, die Hieroglyphen aber haben überlebt. Dabei sah es lange Zeit gar nicht danach aus, denn die letzte hieroglyphische Inschrift stammt vom 24. August 394 unserer Zeitrechnung, aus der Regierungszeit von Kaiser Theodosius, und 157 Jahre später, im Jahr 551, wurde in Philae der letzte funktionierende Tempel, das «Wunder Ägyptens» und Herzstück seiner

Kultur und Religion, endgültig geschlossen. Die heilige Schrift der alten Ägypter musste nun jahrhundertelang – bis 1822, dem Jahr von Champollions Entdeckung – auf ihre Auferweckung warten. Heutzutage sind zahlreiche begeisterte Menschen auf allen fünf Kontinenten darum bemüht, diese Hieroglyphen zu zeichnen und zu übersetzen, neuerdings sogar mit Hilfe der Informatik. Durch den Einzug in den Computer werden die Hieroglyphen die Schwelle zum dritten Jahrtausend mit Leichtigkeit überschreiten.

Obwohl sie uralt sind, vermögen sie uns doch zu verzaubern wie die junge Seschat, die wunderschöne Göttin der Schrift, die man auf den Wänden der ägyptischen Tempel bewundern kann, wo sie in alle Ewigkeit Hieroglyphen zeichnet. Hat also diese magische Sprache nicht die Macht, sich selbst zu erneuern? So, wie die ägyptische Göttin Isis ihren Brudergemahl, den Gott Osiris, aus dem Tod zum ewigen Leben erweckte, so bewahrt die Hieroglyphensprache das Geheimnis der Unsterblichkeit.

1 Totenbuch: Spruchsammlung, die im Allgemeinen auf Papyrus geschrieben und dem Verstorbenen mit ins Grab gelegt wurde. Sie sollte ihm helfen, die Prüfungen und Gefahren des Jenseits zu bestehen.

Wie funktioniert's?

Die ganze Schöpfung in Hieroglyphen

Die Hieroglyphen als heilige Schrift? Einverstanden. Aber was ist heilig genug, um als Hieroglyphe verewigt zu werden? Die ganze Schöpfung, hätten die Ägypter geantwortet, angefangen bei den Steinen und Pflanzen über die Fische, Insekten, Säugetiere und Menschen, ihre Bauwerke und Alltagsgegenstände, bis hin zu den Sternen. Jeder Aspekt der Wirklichkeit und des Seins verdiente es, gepriesen zu werden.

Die Schriftgelehrten schrieben auf Stein, auf Holz, auf Leder und natürlich auf dem berühmten Papyrus. Es ist kaum vorstellbar, dass manche dieser so zerbrechlich aussehenden Papyri drei Jahrtausende überlebt haben! Obwohl wir das damalige Verfahren zur Herstellung von Papyrus in etwa kennen, ist es doch bis heute keinem gelungen, dessen ursprüngliche Qualität und Farbe wieder zu erreichen.

Die heilige Schrift hat keine bestimmte Größe: Manche Hieroglyphen sind winzig, beispielsweise wenn ein Schriftgelehrter sie verwendet, um ein Kapitel des Totenbuchs[1] auf einen Papyrus zu schreiben; andere sind so groß wie die Pyramide von Cheops, die ja eine monumentale Hieroglyphe aus Stein ist, was man oft vergisst. Schon Champollion hatte verstanden, dass im alten Ägypten alles Hieroglyphe war. Malerei, Bildhauerkunst und Architektur strebten alle danach, heilige Werke zu schaffen: Die Pyramiden, Tempel, Statuen, Flachreliefs, Bilder oder Inschriften – sie alle sind Hieroglyphen, «monumentale Sätze einer großartigen Schrift».

Das Grundsystem der ägyptischen Schriftsprache stammt aus der Frühzeit und umfasst ungefähr siebenhundertfünfzig Hieroglyphen. Von ihrer Entstehung bis zur Schließung des berühmten Tempels von Philae wurden diese heiligen Bildzeichen jahrhundertelang getreulich und unverändert von Generation zu Generation weitergereicht. Dieses Phänomen ist einzigartig; andere Sprachen wie zum Beispiel das Chinesische bestanden ursprünglich auch aus «Hieroglyphen», die aber schnell bis zur Unkenntlichkeit schematisiert wurden. Nicht indessen bei den ägyptischen Hieroglyphen. Zwar entwickelte sich parallel eine Art Steno oder Kurzschrift, die so genannte hieratische Schrift, aber die Hieroglyphen selbst blieben unverändert. Niemand hätte die Schamlosigkeit besessen, diese heiligen Zeichen zu verändern, denn sie waren das Leben selbst.

Mit der Zeit wuchs jedoch die Anzahl der Hieroglyphen. Im Neuen Reich wurde zum Beispiel die Hieroglyphe des Pferdes eingeführt – ein Tier, das im Ägypten der Pyramidenbauten noch völlig unbekannt war. Im zu Ende gehenden Ägypten der hellenistischen Zeit unter der Herrschaft der Ptolemäer brachte man es schließlich auf mehrere tausend Zeichen. Wie kam es

Unter diesen wunderschönen Hieroglyphen kannst du einen Fuß, einen Widder, zwei Krüge, ein Gesicht, einen Elefanten, Wasser, Berge und Täler entdecken. Aus dem Grabmal von Sarenput II. in Assuan.

zu dieser Inflation? Die Priester, welche die alte heilige Sprache noch gebrauchten, wussten, dass Ägypten im Niedergang begriffen war. Um ihr Wissen vor den fremden Herrschern zu schützen und ihre wahren Gedanken vor ihren Feinden zu verbergen, entwickelten sie deshalb komplizierte Codes und Geheimschriften, ohne dabei die Grundprinzipien der Bilderschrift zu verändern. Die wuchernde Vermehrung der Hieroglyphen ist aber bereits ihr Schwanengesang – ein letztes pathetisches Auflodern vor ihrem Tod.

Das ägyptische Profil

Sicherlich ist dir schon einmal aufgefallen, dass die ägyptischen Malereien und Hieroglyphen alle Lebewesen immer nur von der Seite her abbilden. Ach, das ägyptische Profil! Was hat man nicht alles gesagt und geschrieben über diese Besonderheit der ägyptischen Kunst. Selbst heute noch marschiert der Ägypter flach wie eine Flunder unerschütterlich durch unsere Phantasiewelten.

Aber bilden die Hieroglyphen die Welt tatsächlich immer nur im Profil ab? Nun ja! Vom sitzenden Mann bis zur stehenden Mumie trifft das auf die meisten Zeichen zu. Gemäß den Schriftgelehrten ist die Seitenansicht nämlich die beste Art und Weise, die Wirklichkeit ohne Entstellung wiederzugeben. Die Hand des Schreiberlehrlings gewöhnt sich schnell daran und denkt nicht einmal mehr nach. Sind sie nicht bezaubernd, diese Hieroglyphen, die sich von ihrer besten Seite zeigen?

Wie in einem Fernsehquiz wollen wir nun aber die Frage stellen: Zeigen manche Hieroglyphen auch eine Vorderansicht der Welt? Die Antwort lautet: Ja.

Drei Beispiele:

das Gesicht selbst

die Eule

der Skarabäus (von oben gesehen)

Die Seitenansicht herrscht offensichtlich vor, ist aber kein Muss. Die Vorderansicht ist zwar selten, aber nicht verboten.

Kreuz und quer

In welcher Richtung schreibt man? Eine sonderbare Frage, denkst du jetzt vielleicht, weil jeder natürlich von links nach rechts schreibt. Doch das ist eine der selbstverständlichen Annahmen, von denen du dich verabschieden musst. Denn manche Sprachen wie zum Beispiel das Arabische werden von rechts nach links geschrieben, was angeblich weniger ermüdend ist. Und die Hieroglyphen? Da kommt es noch besser! Sie werden nämlich mal von rechts nach links, mal von links nach rechts, mal horizontal und sogar mal vertikal, von oben nach unten, geschrieben.

Um das zu veranschaulichen, greifen wir wieder auf unsere Ente, 🦆, zurück und stellen ihr ein Bein, 𓃀, zur Seite. Um «die Ente und das Bein» zu schreiben, verfügt ein Schreiber nun über mehrere Möglichkeiten:

1. → 🦆𓃀

Horizontal also und von links nach rechts. Das ist einfach: Um die Inschrift zu lesen, muss man sich den Zeichen zuwenden und sie von vorne anschauen, denn die Hieroglyphen ihrerseits blicken immer in Richtung des Textanfangs.

2. ← 𓃀🦆

Immer noch horizontal, aber diesmal von rechts nach links.

3.

Von links nach rechts und von oben nach unten.

4.

Von rechts nach links, und von oben nach unten.

Die Hieroglyphen lassen sich also in vier verschiedenen Richtungen schreiben – da wird einem beim Lesen garantiert nicht langweilig!

Um die Entschlüsselung der Hieroglyphen aber nicht noch komplizierter zu machen, als sie ohnehin schon ist, werde ich in diesem Buch unserer westeuropäischen Lesegewohnheit folgen und die Hieroglyphen alle von links nach rechts schreiben. Die alten Schreiber würden mich vielleicht für etwas beschränkt halten, aber nicht verurteilen.

Rechtschreibung ade!

Zuerst einmal eine gute Nachricht für alle, für die die Rechtschreibung eine Qual ist: Bei den Hieroglyphen gibt es keine Rechtschreibung. Diktatschreiben und Korrekturlesen ade! Auch bei uns gab es einst diese Freiheit. Das war im Mittelalter, vor der Erfindung des Dudens und der Standardisierung der Rechtschreibung.

Eine relative Freiheit, versteht sich, denn man kann nicht ein beliebiges Wort anstatt eines anderen schreiben; aber jeder Terminus kann so verschiedene Formen annehmen, dass ein Schreiber kein Wörterbuch braucht, um die Schreibweise zu überprüfen. Nehmen wir ein Beispiel: Das Wort «die Lebenden», das mit der Hieroglyphe ♀ – dem berühmten «Henkelkreuz» oder «Lebensschlüssel» – gebildet wird, kann der Schreiber wie folgt schreiben:

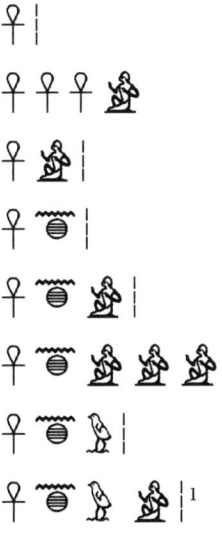

Keine dieser Schreibweisen ist falsch, und die Liste ist noch lange nicht vollständig. Ach, diese gesegnete Zeit der Hieroglyphen!

Das Determinativ

Ein anderes interessantes Detail ist das Fehlen jeglicher Satzzeichen. Nicht der geringste Punkt, nicht das geringste Komma, kurzum kein einziges den Hieroglyphen fremdes Zeichen. Für Entzifferer ist das aller-

---

1 Das ist die phonetische Schreibweise des Worts Anchu, die ich später erläutern werde.

dings ein Problem: Wie sollen sie wissen, an welchen Stellen man die Hieroglyphen trennen kann, das heißt, wo die einzelnen Wörter anfangen und wo sie aufhören?

Hilfreich ist es da, wenn es einem gelingt, ein so genanntes Determinativ oder Bestimmungszeichen ausfindig zu machen. Das ist eine Hieroglyphe, die den Wert eines Symbols hat und die ans Ende eines Wortes gestellt wird, um die Kategorie anzuzeigen, in die das Wort gehört. So steht der gerollte und versiegelte Papyrus ⛚ am Ende all der Wörter, die in die Kategorie der abstrakten Ideen gehören. Man kann also sicher sein, dass nach ⛚ ein neues Wort beginnt.

Nur Übung und Kenntnis des Wortschatzes erlauben es einem, die verschiedenen Wörter eines Textes zu erkennen und ihre Zusammenhänge zu verstehen.

Bei dieser Inschrift sind die Hieroglyphen vertikal angeordnet. Man liest innerhalb der Spalten von rechts nach links, indem man den Zeichen entgegengeht. Aus Sakkara.

Ein merkwürdiges Alphabet

Eine reine Konsonantenschrift

Nun sind wir bei dem hieroglyphischen Alphabet angelangt, das dir einige Überraschungen und Kopfzerbrechen bereiten wird. Denn auch die ägyptischen Götter haben vor das Vergnügen den Schweiß gesetzt.

Beginnen wir mit einer einfachen Regel: Das Hieroglyphen-Alphabet kennt nur Konsonanten, keine Vokale. Warum? Nun, im Laufe der Zeit ändert sich zwar die vokalische Aussprache der Wörter, aber ihr konsonantischer Stamm, ihr Gerüst sozusagen, bleibt unverändert. Die Ägypter waren offensichtlich nur daran interessiert, das zeitlose Gerüst ihrer heiligen Sprache festzuhalten. Es steht uns in Form der Hieroglyphen noch heute zur Verfügung, aber wir werden nie wissen, wie die Hieroglyphen damals wirklich ausgesprochen wurden und klangen.

Der besseren Aussprache halber sind die Ägyptologen übereingekommen, zwischen die Konsonanten immer ein «e» einzufügen, bei Götter- oder Königsnamen werden mitunter des besseren Klanges wegen andere Vokale verwendet.

Nicht für alle Hieroglyphen gibt es entsprechende Konsonanten in unserer Sprache, deshalb müssen wir mitunter etwas erfinderisch werden. Nun aber los.

A

Dieser schöne Vogel ist ein Geier, ein so genannter «Percnopterus». Der Pharao kann sich in diesen Geier verwandeln, um in den Himmel aufzusteigen.

Jetzt willst du vielleicht gleich protestieren: «Aber ‹a› ist doch ein Vokal!» Doch so einfach ist das nicht, denn dieses A entspricht nicht wirklich unserem Vokal «a», sondern ist ein Aleph, anders gesagt, ein schwacher Konsonant, den es im Deutschen nicht gibt und den wir daher nur annähernd als A wiedergeben können.

Dies gilt auch für die folgenden Buchstaben I, A, O und U. Was in jeder Schule ein Fehler wäre, das dürfen wir hier getrost tun, nämlich diesen schönen Percnopertus wie A lesen und dabei fest behaupten, dass dieses A ein Konsonant sei.

I und J

Dieses Schilfblatt steht für das blühende Leben, die sichtbare Natur. Es handelt sich um ein J, und nicht um unseren Vokal I, ausgesprochen wird es aber als I oder J.

Sind zwei Schilfblätter abgebildet

Q Q

I

so werden sie immer wie I gesprochen.
Das Gleiche gilt für zwei Schrägstriche:

\\

I

Der ausgestreckte Unterarm mit der gen Himmel gerichteten Handfläche verkörpert das Handeln und
wird wie A gelesen.

A

U und W (und O)

Das Wachtelküken entspricht dem Laut U oder W, wir
können es aber auch zu Hilfe nehmen, um O zu schreiben.

U und W (und O)

Auch die Spirale steht für die Laute U oder W und kann
darüber hinaus für O verwendet werden.
Der gleiche Laut kann also von einem Lebewesen – dem
Wachtelküken – oder einer streng geometrischen Form
– der Spirale – verkörpert werden.

B

Dieses gestreckte Bein samt Fuß wird wie B gesprochen.

P

Diese Hieroglyphe stellt einen Hocker dar, einen stabilen Träger oder den Unterbau einer Statue; sie wird auch manchmal mit einem Stein verglichen und wie P gelesen.

F

Die Hieroglyphe zeigt eine Viper, deren Biss tödlich ist. Sie wird F ausgesprochen.

M

Das ist eine Eule, die – von vorne betrachtet – wie M gelesen wird. Man verwendet diese Hieroglyphe vor allem dann, wenn man ausdrücken will, dass etwas «in etwas anderem enthalten» ist.

$\subset$

M

Diese Hieroglyphe zeigt die Rippe eines Tieres und ist eine andere Schreibweise für den Laut M.

~~~~~

N

Diese Wellenlinie erinnert nicht nur an Wasser, sondern meint jede Form von Energie. Zum Beispiel sieht man auf Darstellungen von Göttinnen, die den Gott Osiris in ihren Bann ziehen, wie diese Wellenlinien aus ihren Händen hervortreten. Diese Hieroglyphe wird wie N ausgesprochen.

N

Eine anderes Symbol für den Laut N ist die rote Krone des Pharaos, die durch eine Spirale gekennzeichnet wird.

R

Diese Hieroglyphe stellt den offenen Mund dar und wird R gelesen.

H

Diese Hieroglyphe zeigt den Umriss eines einfachen Gebäudes, wahrscheinlich einer ländlichen Schutzhütte aus Schilf. Sie wird H gelesen.

CH

Dieser Strang aus geflochtenem Flachs vereint drei verschiedene Dinge und Zahlen: EINEN Strang, ZWEI

Pfoten (auf denen der Strang ruht) und DREI Schlau-
fen. Er beschreibt einen Laut, der im Deutschen etwa
wie das CH in «ach» klingt.

CH

Das ist der Bauch eines Muttertieres mit Zitzen und
Schwanz. Auch dieser Laut wird etwa wie das CH in
«ach» gesprochen.

CH

Die Forscher rätseln immer noch, ob diese Hieroglyphe
eine Gebärmutter darstellt oder ein Sieb, mit dessen Hilfe
das Wichtige vom Unwichtigen getrennt wird. Der Laut
entspricht in etwa dem deutschen CH wie in «ich».

S

Ein Türriegel, der als stimmhaftes S gesprochen wird.

S

Hier ist ein gefalteter Stoff dargestellt, wie er oft von
wichtigen Persönlichkeiten gehalten wird. Man spricht
die Hieroglyphe als stimmloses S.

　　　　　□□　　　vereinfacht in ▭
　　　　SCH

Hier ist der Grundriss eines Wasserbeckens oder eines Teiches abgebildet. Der Laut wird wie SCH gesprochen.

△
K

Diese Hieroglyphe stellt einen abschüssigen Erdhügel oder eine Sandböschung dar. Sie entspricht etwa unserem K, wenn es weit hinten im Gaumen gesprochen wird.

Tief in den Stein gemeißelt, erkennt man hier die rote Krone Unterägyptens. Aus dem Tempel des Gottes Chons in Karnak.

K

Dieses Bild zeigt einen geflochtenen Korb, der mit einer Art Henkel versehen ist. Gesprochen wie K.

G

Dieser Krugständer steht für den Laut G.

T

Diese Hieroglyphe stellt wahrscheinlich einen Brotlaib dar und wird benützt, um den Laut T zu schreiben.

TJ

Dargestellt ist ein Joch für Tiere; es entspricht ungefähr dem Laut TJ wie in «Nation».

oder

D

Die ausgestreckte Hand mit geschlossenen Fingern und nach oben gerichtetem Daumen bildet mit dem Handgelenk ein Zeichen, das unserem D entspricht.

DJ

Die große Schlange, die sich auf ihrem Schwanz aufrichtet, erinnert an eine Kobra. Gesprochen wird dieser Laut ungefähr wie DSCH oder DJ in «Jeans».

Die Zeichen des ägyptischen Alphabets und die ihnen entsprechenden Laute

Hieroglyphe	Aussprache	Ägyptologische Umschrift
		wie sie von den Ägyptologen verwendet wird (für angehende Forscher reservierte Spalte)
𓅐	A	ꜣ
𓇋	I oder J	j
𓏭	I	y
＼＼	I	y
＿𓂝	A	ꜥ
𓅱	W oder U (O)	w
𓏲	W oder U (O)	w
𓃀	B	b
𓊪	P	p
𓆑	F	f
𓅓	M	m
𓄿	M	m
𓈖	N	n
𓈖	N	n
𓂋	R	r
𓉔	H	h
𓎛	CH (wie in ach)	ḥ

Hieroglyphe	Aussprache	Ägyptologische Umschrift
		wie sie von den Ägyptologen verwendet wird (für angehende Forscher reservierte Spalte)
⊜	CH (wie in ich)	$\underline{h}$
⬤═	CH (wie in ach)	$\d{h}$
═⬤═	stimmhaftes S	s
∏	stimmloses S	s
▭	SCH	š
◿	K (weit hinten im Gaumen gesprochen)	$\d{k}$
▽	K	k
⬓	G	$\underline{g}$
◠	T	t
═	TJ (wie in Nation)	$\underline{t}$
⬡	D	d
⬡	D	d
⌐	DJ (wie in Jeans)	$\underline{d}$

Annähernde Entsprechungen zwischen dem deutschen und dem ägyptischen Alphabet

a	𓄿 oder 𓂝	n	𓈖
b	𓃀	o	𓅱 oder 𓏲
ch	𓐍, 𓄡 oder 𓎛	p	𓊪
d	𓂧 oder 𓆓	q	./.
e	./.	r	𓂋
f	𓆑	s	𓋴 oder 𓊃
g	𓎼	sch	𓈙 oder 𓈙
h	𓉔	t	𓏏
i	𓇌, 𓏭 oder 𓇋	u	𓅱 oder 𓏲 (oder 𓍯[2])
j	𓇋	v	./.
k	𓎡 oder 𓈎	w	𓅱 oder 𓏲
l	𓃭 [1]	x	./.
m	𓅓	y	𓇌, 𓏭 oder 𓇋
		z	𓊃 [siehe TJ]

1 Der liegende Löwe ist kein Buchstabe des klassischen Alphabets, aber aus den späten Texten wissen wir, dass dieses hieroglyphische Zeichen verwendet wurde, um den Laut L zu umschreiben.

2 Diese Hieroglyphe ist kein Buchstabe des klassischen Alphabets, wurde aber später verwendet, um den Laut U zu umschreiben.

Unzählige Silbenzeichen

Bisher entsprach jede Hieroglyphe genau einem Konsonanten oder Laut. Als zukünftiger Schriftgelehrter wirst du aber gemerkt haben, dass wir auf diese Art nur 28 Hieroglyphen kennen gelernt haben. Wie nun steht es um die anderen?

Ganz einfach: Die anderen Hieroglyphen entsprechen nicht nur einem Laut, sondern einer Lautkombination; sie bilden also eine Art Silbe. Nehmen wir zum Beispiel das Auge:

Das Auge ist kein Bestandteil des Hieroglyphen-Alphabets, denn es entspricht nicht einem, sondern zwei Buchstaben und wird IR gelesen. Dieses Auge lässt sich jedoch in Buchstaben des Alphabets zerlegen:

$$\text{IR} \quad = \quad \text{I} \quad + \quad \text{R}$$

Manchmal sieht man das sogar in den alten Inschriften, da wird es dann so dargestellt:

$$\text{I} \quad + \quad \text{R} \quad = \quad \text{IR (und nicht IRIR)}$$

Kommen wir auf eine Hieroglyphe zurück, der wir schon einmal begegnet sind – den «Lebensschlüssel» oder das «Henkelkreuz»:

Dieses Kreuz steht für eine Kombination der drei Laute A + N + CH. Es wird also ANCH ausgesprochen.

Manchmal hat der Schreiber Mitleid mit unserem ge-
plagten Hirn und zerlegt das Kreuz gleich in seine phonetischen Bestandteile:

A + N + CH = ANCH

Meistens jedoch gehen die Schreiber leider davon aus,
dass wir nicht nur die 28 Buchstaben des Hieroglyphen-Alphabets kennen, sondern auch die unzähligen
Silbenzeichen mühelos lesen können, und unterlassen
deshalb derartige Hilfestellungen. Aus diesem Grund
müssen alle Studenten der Ägyptologie lange Listen
von Zeichen mit ihren phonetischen Entsprechungen
mit viel Geduld und Ausdauer auswendig lernen.

Alles ist Hieroglyphe, auch dieser seltsame Sockel mit
einem Menschenkopf darauf, der über der Darstellung einer
Ritualszene mit Hieroglyphen-Inschrift thront.
Aus dem Ägyptischen Museum in Kairo.

Was es bei den Hieroglyphen so nicht gibt

Was es bei den Hieroglyphen
so nicht gibt

Hieroglyphen ohne Sein und Haben

Wenn im Deutschen zwei Wörter ständig gebraucht werden, dann sind es wohl «sein» und «haben» mit ihren verschiedenen Formen. Sie sind so allgegenwärtig, so unentbehrlich, dass es dir vielleicht unmöglich erscheint, ohne sie auszukommen. Doch bei den Hieroglyphen spielen sie so gut wie keine Rolle.

Das Verb «haben» gibt es bei den Hieroglyphen schlichtweg nicht. Die Vorstellung von Besitz oder Zugehörigkeit kann aber auf verschiedene Arten ausgedrückt werden. Es ist zwar unmöglich, «sie hat ein Haus» Wort für Wort in Hieroglyphen zu übersetzen; man kann aber in vielen Variationen etwas Ähnliches wie «ihr Haus» oder «Haus für sie» ausdrücken.

Bei unserem Verb «sein» wird es schon ein wenig komplizierter. Unser «ich bin, du bist, er ist . . .» gibt es bei den Hieroglyphen nicht, stattdessen könnte man aber beispielsweise «ich lebe» oder «ich existiere» sagen, je nach der Art des Seins, die man betonen möchte.

Die Kopula hilft

Dann gibt es noch ein Hilfswort, die so genannte Kopula – und bevor deine Phantasie mit dir durchbrennt, verrate ich dir lieber gleich, dass die Ägyptologen dabei nicht an die körperliche Vereinigung von Mann und Frau denken, sondern sich auf einen Begriff aus der Logik beziehen. Unter der Kopula versteht man hier eine Form des Verbs «sein», die das Subjekt eines Satzes mit dem Prädikat zu einer Aussage verbindet. Diese Kopula ist bei Hieroglyphen sehr wohl vorhanden. Es handelt sich um das Wort

das aus den zwei folgenden Buchstaben des Alphabets gebildet wird:

I + U = IU

Wir haben es hierbei weder mit dem Verb noch mit dem Hilfsverb «sein» im eigentlichen Sinn zu tun, sondern lediglich mit einer Art Verbindungsglied wie z. B. in dem Satz: «Die Blume ist auf dem Feld.» Hier gebrauchen wir bequemlichkeitshalber «ist», obwohl wir es durch «befindet sich», «wächst», «blüht» und so weiter ersetzen könnten. Ein weiteres Beispiel dafür wäre «Der Wein ist süß» anstatt «Der Wein schmeckt süß».

Weder ja noch nein, aber gut und schlecht

Versuchen wir nun, zwei andere von uns sehr oft gebrauchte Wörter zu übersetzen: «ja» und «nein». Das sieht ganz leicht aus, ist es aber nicht, denn die

Ägypter drückten sich nicht mit «ja» und «nein» aus. Sie sagten lieber: «Ich tue das» oder «ich mache das nicht». Wenn du partout «ja» oder «nein» in Hieroglyphen schreiben willst, dann probier es mal damit:

I

Das kann man mit «sicherlich, ja» übersetzen, aber es ist kein häufiges Wort.

N, NEN

Diese Hieroglyphe (zwei ausgestreckte Arme als Zeichen der Ohnmacht) könnte mit «nein» übersetzt werden, aber ihr eigentlicher Sinn ist «nicht», und sie wird oft benutzt, um einen längeren Satz zu verneinen.
Weder ja noch nein, sondern eher etwas tun oder es bleiben lassen, das ist die ägyptische Einstellung.
Dagegen gibt es viele Wörter, um «gut» und «schlecht» auszudrücken, und sie werden auch mit Nachdruck verwendet, zum Beispiel, wenn es sich darum handelt, einen Traum als positiv oder negativ zu deuten.

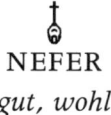

NEFER
gut, wohl

Dieses Zeichen stellt das Herz mit der Luft- oder Speiseröhre dar.

⌣ DJU

schlecht

Das Zeichen zeigt einen Hügel, einen unfruchtbaren und einsamen Ort in der Wüste, wo es gefährliche oder unheilvolle Kräfte gibt.

Ein Leben
in Hieroglyphen

Der kniende Pharao opfert dem Gott
Amun und empfängt aus dessen Hand
das Leben. Aus Karnak.

Was ist das Leben?

Das Leben ist ein Spiegel und der Riemen einer Sandale

Der «Lebensschlüssel» oder das «Henkelkreuz», dem wir ja nun schon zweimal begegnet sind, scheint die berühmteste aller Hieroglyphen zu sein. Auf den Grabmalereien kannst du unzählige Götter und Pharaonen finden, die als Symbol für ihre Macht über den Tod mit dem ANCH-Zeichen in der Hand dargestellt sind:

ANCH

das Leben

Warum haben die ägyptischen Weisen das Leben auf diese Weise symbolisiert? Anders gefragt, was stellt diese Hieroglyphe dar?

⚱ ist ein Spiegel aus Kupfer, das den Ägyptern als ein himmlisches Metall galt, weil es das Licht «einfängt». Als ritueller Gegenstand steht der Spiegel in Beziehung zu Hathor, der Göttin der Sterne und der universalen Liebe.

Von oben gesehen ist ⚱ auch der Riemen einer Sandale.

Kupferspiegel und Sandalenriemen – sind das nicht völlig abwegige Bilder, um das Leben darzustellen? Nicht für die Ägypter. Sie verstanden das Leben, ANCH, als die Macht, die im Stande war, das Licht des Ursprungs fest zu halten. In der Welt der Menschen ist das Leben zudem die Kraft, die – wie es ein in den Texten verwendeter schöner Spruch ausdrückt – «den Füßen Weg gibt», vorausgesetzt man trägt einen Schuh am Fuß und sein Riemen ist gut geschnürt.

Dazu fällt mir eine interessante Anekdote ein. Als ich mich einmal mit dem berühmten Physiker Fritjof Capra unterhielt, fragte er mich, wie die Ägypter das Leben beschrieben. Ich erzählte ihm von dem Sandalenriemen und stellte sein Erstaunen fest. Daraufhin erzählte er mir von einer neuen Theorie, die die Physiker aufgestellt hatten, um das Phänomen «Leben» fassbarer zu machen. Und diese Theorie trug den Namen *bootstrap*... – «Schuhriemen».

⚥, ANCH, wird auch benützt, um folgende Wörter zu schreiben:

– «das göttliche Auge», weil es alles Leben schenkt;
– «der Weizen», denn er ist die lebensnotwendige Nahrung;
– «der Blumenkranz» oder «der Blumenstrauß» – zwei wunderschöne Ausdrucksformen des Lebens;
– «der Steinklotz», der die Beständigkeit des Lebens verkörpert;
– «die Ziege», denn dieses anspruchslose Tier braucht so gut wie nichts zum Leben.

Die Hieroglyphe ☥, ANCH, kann auch für den Begriff
«Eid» stehen, denn «sein Wort geben» bedeutet sein
Leben aufs Spiel setzen; bricht man sein Wort, muss
man dies mit dem Leben bezahlen.

Hier haben wir noch ein anderes erstaunliches Wort:

☥ ☥

Es besteht aus dem doppelten Zeichen ANCH und
zwei Kuhohren. Es wird einfach als «die Lebendigen»
gelesen und als «die Ohren» übersetzt; dabei verliert
es jedoch die Würze des Ausdrucks und die wirkliche
Bedeutung, die ihm die Ägypter gaben.

Die alten Weisen wollten uns nämlich darauf aufmerk-
sam machen, dass das Leben durch die Ohren in uns
hineingelangt. Wir leben nur, solange sie offen und
wahrnehmungsfähig sind, der Tod hingegen ver-
schließt uns die Ohren. Wir würden im Angesicht
des Todes wohl eher sagen, dass jemand «für immer
die Augen geschlossen» hat, aber für die Ägypter
war das Hören der wichtigste Sinn. So schreibt der
große Weise Ptahhotep:

Nur, wer gut zuhört, kann auch gut sprechen,
Wer zuhört, wird immer im Vorteil sein,
Zuhören bringt dem, der zuhört, Gewinn.
Zuhören ist besser als alles andere,
(so) entsteht die vollkommene Liebe.

Für die alten Ägypter beginnen wir zu leben, wenn
wir das Hören und Zuhören lernen, wenn wir laufen
und uns bewegen können (der Sandalenriemen) und
schließlich (wie der Spiegel) das himmlische Licht ein-
fangen.

Das Dasein ist eine Blume und ein Hase

Es gibt zwei andere Hieroglyphen – eine Pflanze und ein Tier –, die «leben», «existieren», «da sein» bedeuten:

$\maltese$, die Blume

UN

existieren

$\mathcal{L}$, der Hase

UN

existieren

Die alten Ägypter empfanden eine wahre Leidenschaft für Blumen; auf den Tempelwänden gibt es viele Szenen, in denen den Göttern Blumen dargebracht werden, und auf zahlreichen Gemälden sind kunstvoll zusammengesteckte Sträuße abgebildet. Einen blühenden Garten zu besitzen war der Traum eines jeden Ägypters. Das alte Ägypten selbst glich einem großen Garten, der ständig bewässert und gepflegt wurde – um einen Eindruck von der Üppigkeit und der Schönheit der Landschaft zu bekommen, brauchst du nur die Flachreliefs der Gräber zu betrachten. Kornblumen, Alraunen, Lilien und andere Herrlichkeiten wetteiferten miteinander um Schönheit und Liebreiz und waren gleichzeitig für die Zubereitung von Heilmitteln unentbehrlich. Die Ägypter wünschten sich, dass ihr Dasein wie eine blühende Blume sein möge.

Warum aber sollte es auch wie ein Hase sein? Der Hase war für die Ägypter ein Symbol des Lebens und der Unsterblichkeit. Er steht für die Fortpflanzung (die

Ägypter wussten, wie schnell sich die Hasen vermehren), und seine langen Ohren unterstreichen abermals die große Bedeutung des Hörens für die Ägypter.

Darüber hinaus ist der Hase das Symbol des Totengottes Osiris. Osiris wurde von seinem Bruder Seth ermordet und zerstückelt, aber mit Hilfe seiner Schwestergemahlin, der großen Zauberin Isis, wieder zusammengesetzt und zum ewigen Leben erweckt.

Einer der häufigsten Namen von Osiris ist:

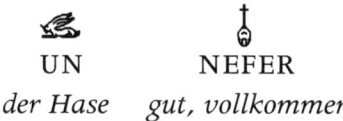

UN	NEFER
der Hase	*gut, vollkommen*

Er wird mit «das gute Wesen» übersetzt oder mit «derjenige, dessen Existenz wieder hergestellt wird». Indem er die Hieroglyphe des Hasen niederschreibt, ruft uns der Schreiber also die Unsterblichkeit des Osiris in Erinnerung.

Nun verstehen wir, warum die Ägypter das Leben mit einem Hasen in Verbindung brachten. Sie hofften, dass sie lange «hören» und viele Kinder haben würden und dass sie – wenn sie gerecht und gut gelebt hätten – nach dem Tod wie Osiris auferstehen und ewig weiterleben dürften.

Der Falke Horus, Symbol des Königs,
der Ober- und Unterägypten vereinigen
soll, befindet sich in der Mitte einer
Schlange mit zwei Köpfen, welche
die Kronen tragen, die diese zwei
Teile des Landes symbolisieren.
Die Schlange, welche die rote Krone
von Unterägypten trägt, wird mit dem
«Lebensschlüssel» in Verbindung
gesetzt. Aus dem Grabmal von
Thutmosis III. im Tal der Könige.

Zwei ehrenvolle Bezeichnungen
des Pharaos in Hieroglyphen: «Der
von der Binse» und «Der von der
Biene». Aus Tanis.

Begegnung mit dem Pharao

«Das große Haus»

Das Wort «Pharao» kommt direkt aus dem Ägyptischen:

⊏⊐	⸙
PER	A A
Haus	*groß*

Die Hieroglyphe ⊏⊐, PER, stellt den vereinfachten Grundriss eines Hauses dar. Die Hieroglyphe ⸙, A A, zeigt uns eine Säule, deren Bedeutung hier «groß» ist. Dieser Ausdruck zeigt, dass der Pharao nicht einfach als ein Politiker oder mächtiger Mensch angesehen wurde, sondern als eine symbolische Einheit, ein «großes Haus», ein «großer Tempel». Dieses «große Haus» sollte alle Gottheiten und das gesamte ägyptische Volk in sich aufnehmen und ihnen Schutz gewähren. ⊏⊐ ⸙, PER A A, «das große Haus», war ein Titel und Symbol aller Pharaonen.

Der Binsen- und Bienenkönig

Bei der Besichtigung ägyptischer Bauten fällt jedem auf, dass zwei hieroglyphische Ausdrücke besonders häufig vorkommen:

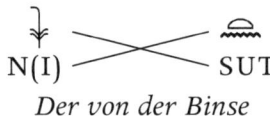

Beide bezeichnen den Pharao. Betrachten wir sie näher.

N(I) $\times$ SUT

Der von der Binse

Mehrere Generationen von Ägyptologen waren notwendig, um diese schwierige Darstellung korrekt zu entziffern. ⚶ ist die Binse SUT, die drei Lauten entspricht (⎟, S + 𝕬, U + ⌒, T = SUT; wobei das ⌒, T, hier ausgeschrieben wurde, um uns das Lesen zu erleichtern).

⌇ ist hier nicht allein der Buchstabe N, sondern eine Abkürzung, die N(I) gelesen wird und «derjenige, der einem anderen gehört», «derjenige, der in Zusammenhang mit einem anderen steht» bedeutet.

Weil die Binse am Anfang des Wortes steht, hat man lange Zeit SUTEN gelesen, aber die Forschung hat ergeben, dass es richtig N(I)SUT heißen muss, also «Der von der Binse» – die Binse ist lediglich vorangestellt, um ihre Bedeutung zu unterstreichen. Denn die Binse, aber auch das Schilfrohr oder der Papyrus (alle diese Pflanzen werden durch die Binse symbolisiert) waren im alten Ägypten besonders nützliche Pflanzen, aus denen eine Vielzahl von Gegenständen hergestellt wurde, von der Schreibunterlage des Schreibers bis hin zu den bescheidensten Sandalen.

Wie die Binse, so ist auch der Pharao für die Ägypter unentbehrlich, und alle seine Eigenschaften haben hohen Nutzen für sein Volk.

BIT

Der von der Biene[1]

«Der von der Biene» ist eine andere ehrenvolle Bezeichnung für den Pharao, den König von Ägypten. Welche außergewöhnlichen Eigenschaften dieses Insektes mögen die Ägypter zu dieser Namensgebung veranlasst haben? Nun, in der unveränderlichen Rangordnung bei den Bienen sahen die Ägypter vielleicht einen Spiegel ihrer eigenen hierarchisch gegliederten Gesellschaft, die Behausung der Bienen ähnelte den Pyramiden, weil beide nach streng geometrischen Gesetzen gebaut waren, und außerdem haben die Bienen die segensreiche Fähigkeit, flüssiges Gold, nämlich den Honig, herzustellen. Zusätzlich sorgen die Bienen für die Befruchtung der Blüten; würden sie verschwinden, dann würden mit ihnen auch die Blumen verschwinden. Nun erinnern wir uns daran, dass ⚘, die Blume, UN, «existieren» bedeutet. So macht der Vergleich durchaus Sinn: Dank des «Bienenkönigs» wird das Leben ermöglicht.

Ob es sich nun um den Honig oder das berühmte Gelée royale handelt, das die Bienen ihren Königinnenlarven

---

1 Vollständig gelesen heißt das Wort
biti.

füttern und das bei uns für Arzneimittel und Kosmetika sehr begehrt ist – in Ägypten wurden die Erzeugnisse der Bienen als rar und wertvoll angesehen. Entgegen der allgemeinen Meinung verwendeten die Ägypter den Honig allerdings nicht zum Süßen ihrer Speisen – das geschah mit Obstsäften, die vor allem aus der Dattel und dem Johannisbrot gewonnen wurden. Honig wurde nur zu außergewöhnlichen Anlässen verzehrt und daneben viel in der Medizin verwendet. Neuere Untersuchungen haben bestätigt, dass Honig eine desinfizierende und wundheilende Wirkung hat. Der Pharao als «Bienenkönig» ist also auch der Heiler seines Volkes, derjenige, der sich um dessen Gesundheit kümmert.

Der gleiche Wortstamm BIT dient auch dazu, «die gute Tat», «den guten Charakter», «das Wesen von hoher Qualität» zu schreiben – und zeichnet nicht all das einen guten Pharao aus?

«Der von der Binse» bezeichnet den Pharao als König des Südens, also von Oberägypten[1], der die weiße Krone trägt, ⨎.

«Der von der Biene» bezeichnet den Pharao als König des Nordens, also von Unterägypten[2], der die rote Krone trägt, ⨎.

Die Aufgabe des Pharaos ist es, den Norden und den Süden zu vereinen, dementsprechend trägt er beide Kronen, die am häufigsten die Form ⨎ annehmen.

---

1 Der südliche Teil Ägyptens und das Niltal zwischen Luxor und Kairo.

2 Das Gebiet des Nil-Deltas, zwischen Kairo und der Wüste.

Die so zusammengeführten Kronen symbolisieren «die zwei Mächte», PA-SECHEMTI, die mit PSCHENT umschrieben werden.

«Leben, Wohlstand und Gesundheit»

Welche drei Eigenschaften wünschen die Ägypter dem Pharao, damit er immer gut regieren kann?

☥ ⟨ ⟩

☥, ANCH, das wissen wir bereits, bedeutet «Leben»;
⟨, UDJA bezeichnet eine Vorrichtung, um Feuer zu machen, und bedeutet «heil, wohlbehalten, wohlhabend»;
⟩ ist die Abkürzung von ⟨———⟩, SENEB, und heißt «gesund».

Mit dieser Formel wünscht man dem Pharao also «Leben, Wohlstand und Gesundheit».

Man wünscht ihm auch:

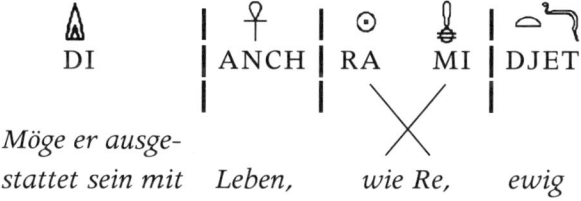

Die Hieroglyphen sagen «Re wie» und nicht «wie Re», aus Respekt vor dem Gott des Lichtes, der vor «wie» gesetzt werden muss.

Der Pharao als Herr und Diener

Der Pharao ist der unumstrittene Herr Ägyptens. Weil er Maat — die Lebensregel und das Gleichgewicht des Universums — in sein Herz aufgenommen hat, wird seine Herrschaft niemals in Tyrannei ausarten. Eine Hieroglyphe fasst diesen Gedanken gut zusammen:

HEKA

regieren

 ist der Stab, den der Hirte benützt, um seine Herde zu führen und um zu verhindern, dass ein Tier sich verirrt. Lange vor Christus wurde der Pharao als «guter Hirte» bezeichnet. Das Symbol des Hirtenstabes wurde dem mittelalterlichen Europa überliefert und dort abgewandelt zum Bischofsstab.

Am häufigsten wird der Pharao jedoch mit diesem Wort charakterisiert:

HEM

der Diener

 ist ein Pfahl, der das Aufrechte, die Geradlinigkeit, die Beständigkeit verkörpert. Aus Gewohnheit übersetzen die Ägyptologen HEM mit «Hoheit», während die eigentliche Bedeutung des Wortes «Diener» ist. Dasselbe Wort wurde oft zu Unrecht mit «Sklave» übersetzt.

Pharao ist der HEM par excellence, der erste Diener seines Volkes, das einzige Wesen, dessen Pflicht es ist, ständig zu dienen. Dies war der großartige Inhalt und Sinn der ägyptischen Monarchie: Derjenige, der dieses Amt ausübte, sollte dienen – und nicht sich selbst bedienen!

HEM wird oft in Verbindung mit NETER, «Gott», verwendet, wobei «Gott» aus Respekt vor «Diener» gesetzt wird:

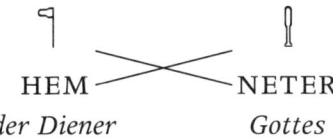

HEM NETER

der Diener   *Gottes*

In den meisten Werken wird dieser Ausdruck mit «Priester» übersetzt, was seiner Bedeutung allerdings nicht gerecht wird. Denn im alten Ägypten gab es nur einen HEM NETER, und das war der Pharao selbst. Nur er durfte den Tempel betreten, um dort den Gottesdienst zu verrichten. Der Geist des Pharaos verließ während seines Gottesdienstes das Heiligtum und nahm im Körper eines Priesters vorübergehend Gestalt an. Der Priester war so zwar «beseelt» vom «Diener Gottes», aber nicht identisch mit ihm.

Was war das alte Ägypten doch für eine schöne Dienstleistungsgesellschaft!

Der große Baumeister

Einige Tagesreisen durch Ägypten genügen, um sich davon zu überzeugen, dass die Pharaonen nicht müde wurden, immer neue Tempel für ihre Götter zu errichten. Neunzig Prozent dieser Tempel wurden zerstört, doch noch das wenige, das von ihnen übrig geblieben ist, macht uns staunen.

Für sein Volk ist der Pharao PER AA, «das große Haus» oder «der große Tempel». Aber gegenüber den Göttern ist eine seiner Hauptaufgaben:

IR	MENU
das Errichten	*von Bauten*

Dieser Ausdruck findet sich auf vielen Tempelwänden, vor allem in Karnak.

⬦, das Auge, wird IR gelesen und bedeutet «erschaffen, machen».

⬦, das Schachbrett mit seinen Feldern, wird MEN gelesen.

000, die drei Vasen, kennzeichnen den Plural des Wortes, bilden aber auch mit NU zusammen das Wortspiel «die ursprüngliche Energie», denn die vom König erbauten Tempel dienen als Sammelpunkt dieser Energie.

Das Wort MENU, «Bauten», hat den Stamm MEN (wie auch der Name des Gottes Amun), dessen Bedeutung «stabil, gut verwurzelt, von Dauer» ist – allesamt Eigenschaften der vom Pharao errichteten Bauten.

Unterscheiden wir drei berühmte Typen von Bauwerken:

HUT

der Tempel

Die Hieroglyphe zeigt einen rechteckigen Grundriss mit einer Zugangstür in der Mauer.

MER	TECHEN
die Pyramide	*der Obelisk*

Leben spendende Kartuschen

Bei uns Ägyptologen ist die Kartusche keine todbringende Patronenhülse. Vielmehr verstehen wir darunter die Verzierung einer Inschrift durch einen Rahmen. Der Rahmen wird dabei von einem Seil gebildet, das wie ein Oval angeordnet und mit einem Knoten geschlossen ist:

In dieser Kartusche (die SCHEN gelesen wird) steht der Name des Pharaos geschrieben. Sie symbolisiert den Kosmos, über den der Pharao herrscht. Ganz nebenbei bekommen wir hier eine ägyptische Antwort auf die physikalische Frage, ob das Universum ein Ende hat oder in Ausdehnung begriffen ist. Denn je nach der Zahl der Hieroglyphen, die den Namen des Königs bilden, variiert auch die Größe der Kartusche – der «Kosmos» hat bei den Ägyptern also keine feste Größe, sondern ist dehnbar.

Diese Kartuschen haben natürlicherweise die Aufmerksamkeit Champollions auf sich gezogen, der die griechische Umschreibung mancher Pharaonennamen kannte. So gelang es ihm, einzelne Buchstaben zu isolieren, sie zu entziffern und ihren Gebrauch in anderen Wörtern zu überprüfen. Die Kartuschen haben also bei der Entzifferung der Hieroglyphen eine entscheidende Rolle gespielt und wenigstens dieses eine Mal Tote wieder zum Leben erweckt!

Der Pharao mit der traditionellen
Perücke und dem Schurz drückt
heitere Gelassenheit aus. Aus Karnak.

Kleines «Who's who» der Pharaonen

Hier folgen die Namen der berühmtesten Pharaonen, an denen einfach keiner vorbeikommt, der sich mit der ägyptischen Geschichte beschäftigt; enthält der Name einen Götternamen, so wird der Name des Gottes aus Respekt immer vorangestellt:

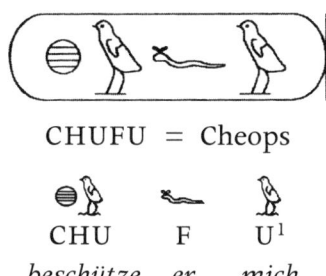

CHUFU = Cheops

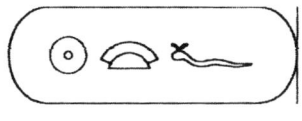

CHU   F   U[1]

beschütze   er   mich

= «Möge er (der Gott) mich beschützen.»

CHAFRA = Chepren

⊙   ⌒   ⟋⟍

RA   CHA   F = CHA F RA

Re   steht auf   er

= «Möge er aufstehen, Re.»

1 Abkürzung für UI

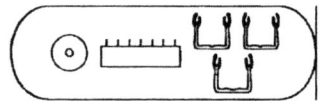

MENKAURA = Mykerinos

☉   ▭   ЦЦЦ

RA   MEN   KAU   = MEN KAU RA

Re   *ist beständig*   *die Macht*

= «Die Macht von Re ist beständig.»

HAT-SCHEPESUT = Hatschepsut

HAT   SCHEPESUT

= «Die Erste der Edlen»

(oder: die an der Spitze der Verehrungswürdigen Stehende).

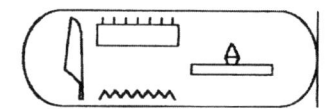

IMEN HETEP = Amunhotep

IMEN   HETEP

Amun (der verborgene Gott)   *ist in Frieden*

TUT-ANCH-IMEN = Tutanchamun

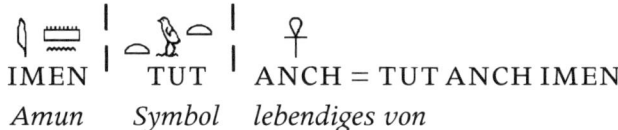

IMEN | TUT | ANCH = TUT ANCH IMEN

Amun   *Symbol*   *lebendiges von*

= «Lebendes Symbol von Amun (dem Verborgenen)».

HOR-EM-HEB = Horemheb

HOR   M   HEB

Horus   *in*   *Feier*

= «Horus feiert.»

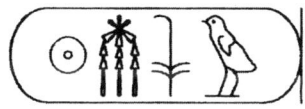

RA-MES-SU = Ramses

RA   MES   SU

Re   *der gezeugt hat*   *ihn*

= «Re hat ihn gezeugt.»

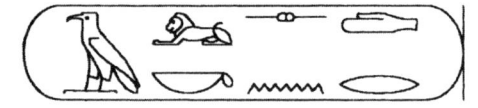

A-L-K-S-N-D-R = Alexander (der Große)

K-L-I-O-P-D-R-A-T = Kleopatra

Wie du siehst, werden die Namen der griechischen und römischen Herrscher über Ägypten nicht wie die der ägyptischen Pharaonen behandelt. Letztere hatten eine Bedeutung; wenn wir also etwas über den symbolischen Wert, das Wesen und die Aufgabe eines Pharaos erfahren wollen, müssen wir seinen Namen übersetzen. Im Fall der griechischen und römischen Könige begnügten sich die Schriftgelehrten jedoch damit, ihre Namen lautmalerisch Buchstabe für Buchstabe umzuschreiben, wobei sie nur die Konsonanten beachteten.

Im Hofstaat des Pharaos

Um den Pharao herum bildeten wichtige Persönlichkeiten seinen Hofstaat. «Wichtig» oder «bedeutsam» in diesem Sinn wird symbolisiert von der Säule ⌡, AA, oder der Schwalbe 🐦. Um eine für den Pharao wichtige Person zu sein, um als ein mit wahrer Größe ausgestattetes Wesen angesehen zu werden, musste man also die Aufrichtigkeit und Festigkeit einer Säule oder die Anmut und Beweglichkeit einer Schwalbe besitzen.

Ein Mann, der im Staat große Verantwortung trägt, heißt bei den Ägyptern:

SER

der Große, der Magistrat

Wie man sieht, wird «der Magistrat» durch eine Figur verkörpert, die von stolzer Haltung ist und als Zeichen ihrer Autorität einen langen Stock hält. Daneben bedeutet das Wort SER auch «vorhersagen, weit sehen, bekannt machen»; da überrascht es nicht, dass für die Ägypter das Regieren einem vorausschauenden Handeln gleicht.

Das Vorderteil des Löwen kennzeichnet Personen, die eine höhere Stellung innehaben:

HATI

der Chef

Ein anderer häufiger Titel ist:

HATI	A
der mit dem übergeordneten Arm	*der, dessen Handlung vorne ist*

Er bezeichnet Verwalter, Bürgermeister und Amtspersonen, die mit der Führung des Gemeinwesens beauftragt sind.

Alle diese Persönlichkeiten, so wichtig sie auch sein mögen, müssen sich Folgendem beugen:

TEP   RED
der Kopf (und) das Bein

«Kopf und Bein», darunter verstehen die Ägypter die zu erfüllende Pflicht, die richtige Handlungsweise, den gerechten Brauch.

Von den Hieroglyphensäulen geschützt, durchquert die Sonnenbarke die unterirdische Welt. In ihr bereitet sich die Sonne auf ihre Wiedergeburt am Morgen vor.
Aus dem Grabmal von Ramses VI. im Tal der Könige.

Hier sind ein paar Übungen, anhand deren du überprüfen kannst, ob du auf dem richtigen Weg bist, ein
guter Schriftgelehrter zu werden – natürlich nur,
wenn du Lust dazu hast. Die Auflösung findest du
am Ende des Buches.

1. Zwei junge Schreiber gehen am Ufer des Nils spazieren. Da sagt der eine: «Ich habe Gott gesehen»; der
andere schaut zu der Fassade des nahen Tempels
hoch und stimmt ihm zu. Warum?

2. ⌡, MEDU, bedeutet «Stock», aber auch ...?

3. Wie schrieben die Ägypter das Wort «Leben»?

4. Ein Steinmetz untersucht zwei aus einem Stein-
bruch stammende Steinblöcke. Auf dem ersten steht
das Zeichen ⌡; auf dem zweiten das Zeichen ⌐. Woher weiß er, dass der eine gut ist und der andere
schlecht?

5. Warum hat ein guter Schüler ☥☥ ✐?

6. Was bedeuten die folgenden Ausdrücke?

   ✝𓀀 und 𓅭𓀀

7. Welche Persönlichkeit trägt den Titel 𓉐𓏏?

8. Welche drei Hieroglyphen werden regelmäßig hinter den Namen des Pharaos gestellt, um ihm Leben, Wohlstand und Gesundheit zu sichern?

9. Warum hält der Pharao das Zepter 𓌀 in der Hand?

10. Welche Hieroglyphe drückt den Begriff «Diener» aus?

11. Welches Teil des menschlichen Körpers symbolisiert als Hieroglyphe die Handlung «erschaffen, machen»?

12. Warum ist es normal, dass ein Diener einem Löwenkopf gehorcht?

Die Gestirne

**Wem die Ägypter es verdanken,
dass ihnen der Himmel nicht
auf den Kopf fällt**

So sieht der ägyptische Himmel aus:

═

PET

PET stellt eine Art Tisch dar – eine Platte, die auf vier
Pfeilern ruht (wir sehen allerdings nur die beiden vor-
deren). Als der Gott Schu – sein Name bedeutet «die
leuchtende Luft» – Himmel und Erde voneinander
trennte, stellte er den Himmel auf feste Pfeiler, damit
er nicht auf die Erde herunterstürzte. Schon lange
vor den Galliern fürchteten nämlich die Ägypter, der
Himmel könnte ihnen auf den Kopf fallen.

Dieser Himmel, von dem ein Seil mit einem fünfzacki-
gen Stern herabhängt, kennzeichnet die Nacht.

Dieser Himmel, aus dem das Wasser in Form von drei
gewellten Linien fällt, ist natürlich das Bild für den
Regen.

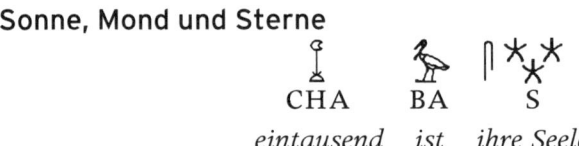

NU + T

Das Bild für die Himmelsgöttin NUT setzt sich zusammen aus ○, der Vase, welche die ursprüngliche Energie enthält und NU gelesen wird, sowie ⌒, T, als dem Merkmal des weiblichen Geschlechts. Das Pendant zur Himmelsgöttin Nut ist der Erdgott Geb.

Sonne, Mond und Sterne

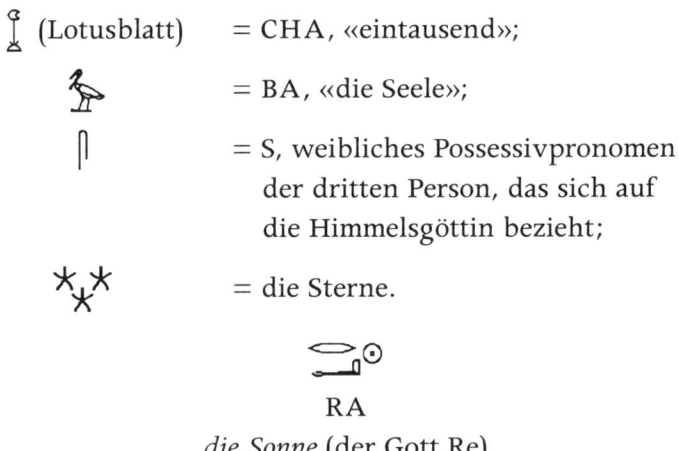

CHA   BA   S

eintausend   ist   ihre Seele

CHABAS – so lautet der wunderschöne Name des Sternenhimmels. Gemeint ist damit: «Die Seele der Himmelsgöttin besteht aus eintausend Sternen.» Diese Bezeichnung lässt sich folgendermaßen aufgliedern:

（Lotusblatt）   = CHA, «eintausend»;

                   = BA, «die Seele»;

                   = S, weibliches Possessivpronomen der dritten Person, das sich auf die Himmelsgöttin bezieht;

                   = die Sterne.

RA

die Sonne (der Gott Re)

Das ägyptische Wort für die Sonne setzt sich aus folgenden Buchstaben zusammen: ⬠, R, der menschliche Mund, Ausdruck des Logos, und ⬠, A, der ausgestreckte Arm, der das Handeln verkörpert. Diese Sonne ist das schöpferische göttliche Licht und wird durch den Sonnengott Re personifiziert.

Daneben gibt es aber auch noch die Sonnenscheibe, die durch den Gott Aton personifiziert wird:

ITEN

die Sonnenscheibe (der Gott Aton)

Unter Pharao Amenophis IV. verdrängte der Gott Aton den Sonnengott Re als höchsten Gott. Amenophis erklärte nämlich den Kult um die Sonnenscheibe zur Staatsreligion, nannte sich selbst in Echnaton (das heißt «Diener des Aton») um und gründete mit seiner Gemahlin Nofretete zusammen die Stadt Achetaton, die zum Zentrum des neuen Kultes wurde, der aber nicht lange Bestand hatte.

Den Namen des folgenden Gestirns kannst du jetzt sicherlich leicht lesen – drei Buchstaben mit der Mondsichel als Determinativ:

IAH

der Mond

Der Mond war im alten Ägypten nicht beschaulich, sondern galt als eine aggressive und kämpferische Himmelsmacht, die die Kraft hatte, Ereignisse in Gang zu setzen.

Nichts ist einfacher, als «Neumond» zu schreiben:

Haben demnach nicht unsere Mondkalender eine kleine ägyptische Note beibehalten?

Der ägyptische Kalender

Jahr, Monat, Tag und Stunde

Auch die Ägypter besaßen bereits einen Kalender. Seine wichtigsten Einheiten waren:

$\mathcal{J}$

RENPET

das Jahr

Diese Hieroglyphe hat die Wertigkeit von vier Lauten (R+N+P+T) und stellt einen jungen Trieb dar – Symbol des Reichtums und der Erneuerungskraft der Natur. RENPET bedeutet gleichzeitig «Jahr» und «Ernährung» – ein glückliches Jahr war ein Jahr, in dem alle genügend zu essen hatten und keiner Hunger leiden musste. RENPET bedeutet aber auch «die Junge, die Verjüngte», denn nach dem Erlöschen der «alten Monde» entsprach jedes neue Jahr einer neuen Geburt, einem neuen Anfang. In Ägypten wurden die Neujahrsriten zu Beginn des Nil-Hochwassers im Juli zelebriert. Sie waren der Anlass zu Freudenfesten im ganzen Land, bei denen dem Pharao viele Geschenke gemacht wurden.

Dann wünschten sich alle

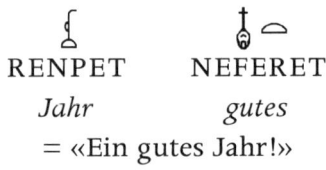

RENPET   NEFERET

Jahr   *gutes*

= «Ein gutes Jahr!»

ABED

der Monat

Der ägyptische Kalender beruhte auf den Mondmonaten, die als Mondsichel mit Stern dargestellt werden, und bestand aus 360 Tagen.

Die Astronomen verstanden jedoch schon bald, dass das Jahr 365 Tage zählen musste, um mit den kosmischen Rhythmen in Einklang zu sein. Also führte man fünf zusätzliche Tage ein. Diese Übergangsphase, in der das alte Jahr bereits gestorben, das neue aber noch nicht geboren war, wurde als sehr gefährlich angesehen. Man glaubte, dass die Schrecken erregende Löwengöttin Sechmet nur auf diesen Moment wartete, um ihre unheilvollen, Krankheit und Unglück bringenden Horden auszuschicken. Deshalb hatte der Pharao an diesen fünf Tagen besonders viel zu tun, denn er musste das drohende Unheil mit geeigneten Riten und Kulthandlungen abwenden.

HERU

der Tag

Der Tag baut auf dem Wortstamm HER, «glücklich, zufrieden sein», auf und wird von der Sonne bestimmt.

GEREH

die Nacht

Die Nacht baut auf dem Stamm GER, «die Stille», auf; ihr Determinativ ist der Nachthimmel.
Möge der Tag die Spanne des Glückes und die Nacht die Zeit der Stille sein!

UNUT

die Stunde

Das eigentliche Wort wird wie folgt gebildet:

UN + U + T = UNUT

Die Stunde kennzeichnet das Dasein (UN, «existieren») und sie vermehrt sich rasch wie der Hase[1]; die Determinative Stern ✶ und Sonne ☉ dahinter zeigen an, dass die Stunde sowohl als ein kosmisches als auch ein zeitliches Phänomen verstanden wird.

---

1 Bemerkenswert ist auch das Verb UN, «schnell gehen», denn die Stunde ist diejenige, die schnell verstreicht.

Dieser Überbringer von Pflanzengaben erinnert an
die glücklichen Jahreszeiten und an die sanfte Abfolge
der Tage. Aus dem Grab des Mereruka in Sakkara.

Gestern, heute, morgen

Noch drei wichtige Wörter, um sich in der Zeit zu-
rechtzufinden:

$$\text{S} + \text{F} = \text{SEF}$$

gestern

Das Determinativ ☉ zeigt an, dass das Wort einen zeitlichen Begriff bezeichnet.

$$\text{MIN}$$

heute

zeigt eine mit Flüssigkeit gefüllte und mit einem
Henkel versehene Vase; sie entspricht der Silbe MIN.

$$\text{DUA} + \text{U} = \text{DUAU}$$

morgen

✶, der Stern, steht hier für die Silbe DUA; die genaue
Bedeutung von DUAU ist «morgen früh».

Die drei Jahreszeiten

Wir kennen den Frühling, den Sommer, den Herbst
und den Winter, das heißt vier Jahreszeiten von jeweils drei Monaten. Das Ägypten der Pharaonen
kannte drei Jahreszeiten von jeweils vier Monaten.

𓈗

𓄿𓏏

ACHET

die Überschwemmung
(von Ende Juli bis Ende November)

𓈗 stellt ein überschwemmtes Grundstück dar, auf dem junge Triebe und aufblühende Pflanzen sprießen. Die Hieroglyphe allein bezeichnet bereits das Wort ACHET. Um das Lesen zu erleichtern, setzten die Schriftgelehrten das 𓐍, CH, und das 𓏏, T, trotzdem oft noch hinzu.

Der Name dieser Jahreszeit wird mit dem Stamm ACH gebildet, an den ein T angehängt wurde, weil die Überschwemmung bei den Ägyptern weiblicher Natur ist. Man könnte ACHET mit «die Strahlende», «die Nützliche» übersetzen, was Sinn macht, handelt es sich doch um die lang ersehnte Jahreszeit, wo der Nil über die Ufer tritt und so die am Fluss gelegenen Felder bewässert und mit seinem fruchtbaren Schlamm düngt.

𓉐𓏏

𓂋𓇳

PERET

die Jahreszeit des Herauskommens
(von Ende November bis Ende März)

PERET ist die Jahreszeit, wo alles, was gepflanzt wurde, keimt und aus der Erde hervorsprießt. Den Stamm des Namens bildet das Verb 𓉐, PER, das «hochgehen, herauskommen» bedeutet. Obwohl das Verb die Wertigkeit beider Laute P und R hat, fügt der Schreiber oft das ⟨⇒⟩, R, noch einmal extra hinzu, um uns das Lesen zu erleichtern; das angehängte ⌒, T, signalisiert wieder das weibliche Geschlecht, die Sonnenscheibe ⊙ weist auf den zeitlichen Aspekt hin.

SCHEMU

die warme Jahreszeit
(von Ende März bis Ende Juli)

SCHEMU ist die Zeit der Ernten, aber auch der großen Hitze, in der die Ägypter alle sehnsüchtig auf den Beginn der nächsten Überschwemmung und damit des neuen Jahres warten.

Das Wort wird gebildet aus ▭, SCH, und aus ∿, MU; wieder zeigt das Determinativ ⊙ an, dass es sich bei dem Begriff um eine zeitliche Kategorie handelt, diesmal ausnahmsweise männlichen Geschlechts. Sonderbarerweise wird gerade diese Jahreszeit durch das gefüllte Wasserbecken und das Zeichen des Wassers verkörpert, obwohl es sich doch um die Trockenzeit schlechthin handelt. Die Weisen wollten damit wahrscheinlich andeuten, dass man während der Jahreszeit SCHEMU auf das Wasser aus den Zisternen angewiesen war.

Im freigebigen Nil gibt es zahlreiche
Fischarten, die sowohl Hieroglyphen
wie Nahrung sind. Aus dem Grab
der Prinzessin Idut in Sakkara.

Die Natur

Wie schön ist mein Tal!

Hier sind einige geläufige Wörter, mit denen du dich in der ägyptischen Landschaft orientieren kannst:

TA

die Erde

Eine flache Landzunge und drei Sandkörner: dies ist die häufigste Art, die Erde beziehungsweise das Land zu bezeichnen.

TAWI

die zwei Landesteile, das doppelte Land

Der Ausdruck bezeichnet das ganze Land Ägypten, bestehend aus den zwei Landesteilen Unterägypten (das Nildelta) und Oberägypten (das Niltal).

CHASET

das bergige Land, die Wüstengegend, das fremde Land

Diese Hieroglyphe sieht aus wie drei Sandhügel; sie symbolisiert aber die Gebirgszüge, die das Niltal im Osten und im Westen begrenzen.

ACHET
die Gegend des Lichtes, der Horizont

Hier geht jeden Morgen die Sonne auf – nachdem sie auf ihrer Reise durch die Unterwelt die Dämonen der Nacht besiegt hat, tritt sie aus dem Dunkel hervor und erscheint im Osten zwischen zwei Bergen. ACHET ist auch der Name von Pharaos Grab, da er von dort gleich der Sonne für alle Ewigkeit aufersteht.

SECHET
das Feld, die Wiese

Diese Hieroglyphe stellt die schwarze, sumpfige, fruchtbare Erde dar, aus welcher drei blühende Schilfrohre und drei Schilf- oder Lotusknospen sprießen.
Mit der Hieroglyphe 𓈎, CHA, die uns schon bei den Jahreszeiten begegnet ist, kann man auch den Begriff «Anfang» wiedergeben. Bei dieser Verwendung bezieht man sich auf den Anfang der Schöpfung, die Entstehung des ersten Lebens aus den Urwassern.

HA
der Fuß des Papyrus

Der heute verschwundene Papyrus bildete einst richtige Wälder, die den Ägyptern als schützende Zufluchtsorte dienten. Es gab nichts Beruhigenderes und Behaglicheres als ein Papyrusdickicht. Sogar die Göttin Isis versteckte ihren Sohn Horus in einem Papyrusdickicht. Neben der Papyruspflanze kann die Hieroglyphe deswegen manchmal auch «hinter etwas Schutz suchen» oder «schützen, was dahinter ist» ausdrücken.

Bäume für alle Lebenslagen

Die alten Ägypter verehrten die Bäume, die in der Antike viel zahlreicher als heute waren. So heilig waren die Bäume, dass sogar die Götter darin wohnten, so die Himmelsgöttin Nut, die einen Bergahorn als ihr Zuhause auserkoren hatte; daran erinnerte sich vielleicht später die Jungfrau Maria, als sie sich während ihres Aufenthalts in Ägypten in einem Baum versteckte.

IMA

der Baum

Das Wort wird durch die Hieroglyphe des Baumes bestimmt, die für sich allein schon als IMA gelesen werden kann. Sie wird aber näher charakterisiert durch das davor stehende Wort IMA (gebildet aus 𓇌, I, + 𓌳, die Sichel, die der Silbe MA entspricht), das sich etwa mit «sanft, nett, charmant, angenehm, gütig, guter Verfassung sein» übersetzen lässt. Der Baum wird so zum eigentlichen Symbol des süßen und angenehmen Lebens. Im Schatten eines Baumes sitzen, einen an einem Ast hängenden Schlauch mit frischem Wasser in Reichweite, dem Gesang der Vögel lauschen, das

Grün der Felder und das Glitzern des Nils bewundern, ist das nicht der Gipfel des Glücks?

Die Silbe MA taucht auch im Namen eines für die alten Ägypter lebenswichtigen Baumes auf:

MAMA

die Doompalme

Man kann MAMA mit «das sehr Angenehme» übersetzen. Und in der Tat war den Ägyptern dieser Baum hochwillkommen, hatten sie doch für alle seine Teile eine nützliche Verwendung: die Früchte verzehrten sie, die Palmblätter nutzten sie zur Herstellung von Sandalen, Lendenschurzen und Fächern, und der Stamm diente ihnen als Balken zum Bau ihrer Häuser. Auch den biblisch klingenden Ausdruck «der Baum des Lebens» verdanken wir den Ägyptern:

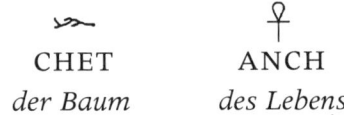

CHET   ANCH

der Baum   *des Lebens*

Der Ast des Baumes, ⤳, hat dabei die Wertigkeit der zwei Buchstaben ⊜, CH, + ⌒, T.

Die Bezeichnung «Lebensbaum» verwendeten die Ägypter für die Gesamtheit ihrer Nahrungsmittel und für den Stängel, der den lebenswichtigen Pflanzen Halt gibt. Als der eigentliche Lebensbaum der ägyptischen Gesellschaft galt aber der Pharao, der seinem Volk ausreichend Lebensmittel und geistige Nahrung liefern musste.

Das Hochwasser ist ein springender Jüngling

Ohne den Nil, den einzigen Fluss Ägyptens, hätte es das alte Ägypten in dieser Form wohl nicht gegeben. Herodot schrieb, dass Ägypten nicht zuletzt ein Geschenk des Nils gewesen sei. Da der Fluss so immense Bedeutung für die Entstehung der ägyptischen Kultur besaß, solltest du die Hieroglyphen erkennen können, mit denen sein Name geschrieben wird.

I TR U = ITERU

der Fluss

Das ist der am meisten verwendete Name des Nils. Er wird durch das Zeichen für Kanal, ⊏, bestimmt, das anzeigt, dass das Wort zur Kategorie der Begriffe gehört, welche die Wasserwege kennzeichnen.

Das zentrale Ereignis Ägyptens war zweifellos der alljährlich wiederkehrende Moment, in dem der Nil über die Ufer trat. Sein fruchtbarer Schlamm lagerte sich dann auf den anliegenden Feldern ab und bescherte den Ägyptern reiche Ernten und großen Wohlstand. Durch den Bau des Staudamms von Assuan kommt es heute jedoch nicht mehr zu derartigen Überschwemmungen.

CH AP I = HAPI

die Überschwemmung

Die Überschwemmung wird hier durch drei übereinander liegende Linien symbolisiert, die Wasser und Wellen darstellen.

Auf den Flachreliefs sieht man HAPI häufig als eine dickbäuchige Figur mit schweren Brüsten, deren Kopf mit Wasserpflanzen bedeckt und die voll beladen mit Nahrungsmitteln ist. Nichtsdestotrotz ist der Ausdruck männlich und aus einem Wortstamm gebildet, der «hüpfen, springen» bedeutet. In der ägyptischen Vorstellung war HAPI ein Jüngling voller Lebenskraft, der die Ufer des Nils erstürmte, um sie zu befruchten. Leider ist HAPI verschwunden! Seit dem Bau des Staudamms von Assuan ist der «Springende» in den Wassern des Nasser-Sees eingesperrt und wird sich wohl nach seinem geliebten Ägypten sehnen.

Ein komischer Vogel, der Geier Percnopterus, der dazu dient, den Buchstaben A zu schreiben. Aus dem Grab der Prinzessin Idut in Sakkara.

Sprechende Tiere

Die Ägypter waren scharfsinnige Beobachter der Natur und betrachteten die Tiere als Verkörperungen göttlicher Kraft und schöpferischer Eigenschaften, weshalb sie ihnen große Aufmerksamkeit schenkten. So ist es nicht erstaunlich, dass es viele Hieroglyphen gibt, die Säugetiere, Vögel, Reptilien, Echsen, Fische und Insekten darstellen.

Sonderbare Vögel

Der König der Vögel, in seiner Eigenschaft als Beschützer des Pharaos, ist der Falke Horus

dessen Name «derjenige, der in der Ferne (im Himmel) ist» bedeutet oder «der Ferne», der ein scharfes Sehvermögen besitzt.

Weil der Geier sich mit besonderer Sorgfalt um seine Brut kümmert, steht sein Name

für MUT, «die Mutter»; dieser Raubvogel dient aber auch dazu, das Wort «Furcht» zu schreiben, und steht dann mit dem Tod in Verbindung.

Die Eule haben wir schon als einen Buchstaben des Alphabets kennen gelernt:

von vorne gesehen dient sie außerdem dazu, «was in (etwas) ist, was innen drin ist» zu schreiben.

Der große Ibis ist die Verkörperung des Gottes Thot, der der Gott der Weisheit ist. Wenn sich dieser große Vogel wie hier nach Nahrung bückt,

wird er GEM gelesen, und das bedeutet «finden», denn der Gott der Weisheit findet immer, was er sucht! Auch für die Vogelseele, den BA, gibt es eine eigene Hieroglyphe. Sie zeigt den schönen Vogel Jabiru, eine Art großen Storch mit einem Fleischwulst auf der Brust:

Der wunderschöne Reiher

ist der ägyptische Phönix, der BENU. Er setzt sich auf die Kuppe des Ur-Hügels, der am ersten Weltenmorgen aus den Gewässern hervorragte, und symbolisiert so die Fülle.

Zwei Vögel, die einander in der Schrift der Schreiber ziemlich ähnlich sind, darfst du nicht verwechseln. Der eine ist die Schwalbe, die den Begriff von Größe verkörpert:

Der Pharao kann die Gestalt der Schwalbe annehmen, um in den Himmel aufzusteigen.

Der andere Vogel, den der Schreiberlehrling mit einem gabelförmigen Schwanz zeichnen muss, um ihn von der Schwalbe deutlich zu unterscheiden, ist der Spatz (oder die Lerche):

Er steht für die Niedertracht und Gemeinheit, das Böse, die Krankheit und ist auch das Determinativ für alle anderen in diese Kategorie passenden Wörter.

Die Ente

wird benutzt, um «Sohn» oder «Tochter» zu schreiben.

Die Gans sieht kaum anders aus:

Diese Gans hat viele Bedeutungen: Sie verkörpert den Erdgott Geb, steht aber auch einfach für das Geflügel schlechthin. Darüber hinaus kann sie «gut ausgestattet sein, mit dem Nötigen versehen» bedeuten oder die Zerstörung versinnbildlichen.

Auch gerupft und bratfertig zubereitet taucht die Gans als Hieroglyphe auf:

Dann steht sie nicht für einen leckeren Gänsebraten, sondern für die Furcht.

Eine Überraschung birgt auch dieses komische Vöglein, das piepsend hin und her hüpft und nach etwas zu essen verlangt:

Es steht nämlich für niemand Geringeren als den Wesir, den Regierungschef von Ägypten! Beliebt war dieses Amt wohl nicht, denn in den Schriften heißt es, dass die Aufgabe des Wesirs «bitter wie Galle» ist. Spielt das Vöglein demnach darauf an, dass der Wesir sich ständig vor seinen Untergebenen aufplusterte und sie herumkommandierte, damit seine Anordnungen auch ja korrekt ausgeführt wurden?

Starke Säugetiere

Für die Ägypter ist der wilde Stier der König der Säugetiere:

In ihrer Jugend müssen die zukünftigen Pharaonen lernen, wie man dieses herrliche und mächtige Tier in der Wüste mit dem Lasso einfängt. Der wilde Stier verkörpert den Pharao und symbolisiert «die schöpferische Kraft» KA. Deshalb trägt der Pharao einen Stierschwanz an seinem Lendenschurz.

Der wilde Stier darf natürlich nicht mit dem Rind verwechselt werden, das den Ägyptern als Schlachtvieh diente. Die Kuh steht für Schönheit, Glück und Lebensfreude, und ihr Ohr wird dazu benutzt, «hören, gehorchen, zuhören» zu schreiben, da das Hören –

wie du ja jetzt schon weißt – von großer Bedeutung im alten Ägypten war.

Der Steinbock, der ein Siegel um den Hals trägt,

ist das Symbol für Adel und Edelmut.

Der Löwe wird am häufigsten liegend dargestellt:

Weil der Löwe der ägyptischen Mythologie zufolge die Augen immer offen hat, ist er die Verkörperung der Wachsamkeit.

Die vordere Hälfte des Löwen, , weist höher stehende Wesen aus, vor allem einen wichtigen Menschen – den Boss –, während die hintere Hälfte der Raubkatze, ॐ, die Vorstellung von Tiefe oder einer äußersten Grenze, eines Endpunktes vermittelt.

Der Widder

ist die Inkarnation der Götter Amun («der Verborgene») und Chnum («der Gestalter»). Man verwendet den Widder auch, um das Wort BA zu schreiben, das «Äußerung, Kundgebung» heißt. Der Kopf des Widders, ᵗ⃝, ist das Symbol Furcht erweckender Würde.

Der liegende oder stehende Schakal

ist die Inkarnation des Gottes Anubis, des Mumifizierers und Hüters der Geheimnisse des Jenseits; er ist auch das Symbol der großen Würdenträger und der Richter.

Wusstest du eigentlich, dass der Hund bei den Ägyptern so beliebt war, dass man ihn nach dem Tod seines Herren mumifizierte und mit auf die Reise ins Jenseits schickte? Der Katze brachte man die gleiche Wertschätzung entgegen; sie wurde übrigens nach ihrem leicht erkennbaren Miauen MIU genannt.

Die Giraffe

mit ihrem langen Hals ist im wahrsten Sinne des Wortes eine herausragende Beobachterin. Da überrascht es kaum, dass die Ägypter die Giraffe verwenden, um «weit sehen» und «voraussagen» zu schreiben.

Und der Elefant? Obwohl er anscheinend noch vor Beginn der Ersten Dynastie (3150 v. Chr.) von Ägyptens Boden verschwand, blieb die Erinnerung an ihn lebendig, denn er symbolisierte die erste Provinz Ägyptens mit ihrer Hauptstadt Elephantine, an deren Stelle heute Assuan steht.

Viele dieser Tiere werden mit «Macht» und mit «Kraft» verbunden; wenn du diese Wörter ausdrücken willst, hast du deshalb eine große Auswahl:

, der Stierkopf;

, der Leopardenkopf;

, Kopf und Hals des Schakals;

, die Stierkeule.

Möchtest du eine Wiederholung anzeigen oder auf den Begriff der Wiederholung hinweisen? Dann male ,
das Bein eines Huftieres, das ungeduldig im Boden scharrt!

Das Krokodil

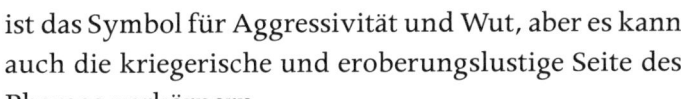

ist das Symbol für Aggressivität und Wut, aber es kann
auch die kriegerische und eroberungslustige Seite des
Pharaos verkörpern.
Friedfertiger ist die Schildkröte,

die mal als ein unheilvolles Geschöpf, mal als ein Symbol der Auferstehung betrachtet wird; das Gleiche gilt
für den Frosch (der in Ägypten keine Wettervorher-
sage betreibt):

In den alten Zeiten war der Nil voller Fische, und ge-
trockneter Fisch gehörte zu den Grundnahrungsmit-
teln der Ägypter. Nichtsdestotrotz bezeichnet der
kompliziert klingende Oxyrhynchos-Fisch den Kadaver und alles, was übel riecht:

Die Legende behauptet nämlich, dass der Oxyrhynchos
die Genitalien des zerstückelten Gottes Osiris ver-
schluckte und dadurch dessen Auferstehung gefährdete.
Andere Fische spielen eine positivere Rolle; zum Beispiel wird die Meeräsche verwendet,

um das Wort «Verwaltung» (einer Provinz) zu schreiben, und der Barbus bynni mit seinen rundlichen Formen

gilt als Helfer bei der Auferstehung.

, der Skarabäus oder heilige Pillendreher, ist eine der am häufigsten verwendeten Hieroglyphen und ein echter Glücksbringer. Denn dieser Käfer wurde im alten Ägypten als Bringer der Wiedergeburt und des Glücks verehrt. Er gilt als die Inkarnation des Ur- und Schöpfergottes und drückt «geboren werden, zu einer Existenz kommen, sich wandeln» aus.

Dass der Biene bei den Ägyptern die höchste Würde zuteil wird und sie den König symbolisieren darf, weißt du ja schon. Aber weißt du auch, dass selbst der bescheidene Grashüpfer für wert befunden wird, als Hieroglyphe verewigt zu werden? Um von der Erde zum Himmel zu springen, kann der Pharao nämlich die Gestalt eines Grashüpfers annehmen.

Mann und Frau

Ein unzertrennliches Paar

In der Hieroglyphenschrift bilden die Hieroglyphe für
den Mann und die Hieroglyphe für die Frau zusammen
«die Menschheit» oder eine «Gruppe von Menschen»:

Der Herr, sitzend im Profil gezeigt, trägt Perücke und
Lendenschurz und streckt stolz und würdevoll die
Hand. Die Dame wird ebenfalls im Profil gezeigt; sie
sitzt unbeweglich und gelassen und trägt Perücke
und Kleid.

Champollion maß die Größe einer Zivilisation an dem
Platz, den sie der Frau einräumt. Auf diesem Gebiet
kann das Ägypten der Pharaonen zu Recht den ersten
Rang beanspruchen, denn Mann und Frau sind hier
unzertrennbar, wenn es darum geht, die Menschheit
als Ganzes zu beschreiben.

Diese monumentale Darstellung eines Königspaares
steht in Karnak. Die Frau steht auf den Füßen ihres
Mannes, des Pharaos, und wird von der Riesenstatue
beschützt.

Mann und Frau

Die Menschheit oder die Tränen Gottes

Das Wort «Menschheit» mit allen seinen Komponenten
wird folgendermaßen geschrieben:

REMETJ

R + M + TJ = REMETJ

Das Wort «Menschheit» besteht also aus dem Mund,
⟨⟩, der die Fähigkeit des Sprechens symbolisiert;
aus der Eule, 🦉, als dem Symbol der Innerlichkeit,
und aus dem Halfter, mit dem die Tiere geführt werden;
Letzteres ist eine Anspielung auf die Disziplin, die für
ein Zusammenleben der Menschen notwendig ist.

Außerdem wird das Wort «Menschheit» aus dem
Stamm REM gebildet, was «weinen» bedeutet. Einem
ägyptischen Mythos zufolge hat der Sonnengott das
Menschengeschlecht in einem Moment der Traurigkeit
gezeugt. Die Menschen sind demnach aus den Tränen
des Schöpfers entstanden, und er weint immer noch,
weil die Menschen dazu neigen, sich zu verschwören,
zu zerstören und einander zu zerfleischen.

Der verschlossene Mensch

«Der Mann, das männliche Individuum» wird

S

der Mann

geschrieben. Wir finden hier den Türriegel ⟶, den
Buchstaben S des Alphabets, und das Determinativ
des sitzenden Mannes.

Um «die Frau, das weibliche Individuum» zu schreiben, nimmt man den gleichen Buchstaben des Alphabets und fügt ein T zur Kennzeichnung des Weiblichen sowie das Determinativ der sitzenden Frau hinzu:

SET

die Frau

Wieso sind Mann und Frau verriegelt? Nun, die Ägypter sahen die Menschen wohl als verschlossene, in sich gekehrte Individuen an.

Man kann aber auch auf andere Art Mann und Frau sein, indem man nämlich das Türriegel-S ➝ durch das andere S, |, ersetzt, das den gefalteten Stoff darstellt, den hoch gestellte Persönlichkeiten in ihren Händen halten. Diese Schreibweise für «Mann» und «Frau» kommt jedoch viel seltener vor als die vorherige. Könnte das damit zu tun haben, dass der Mensch lieber in sich verschlossen als würdevoll und gesellig ist?

Der Mann protzt mit seiner Männlichkeit

Mann und Frau sind zwar gleich wichtige Teile der Menschheit, aber deswegen noch lange nicht gleich. Und da die alten Ägypter nicht prüde waren und die Nacktheit nicht verboten war, bilden die Hieroglyphen das männliche Geschlecht in aller Deutlichkeit ab.

➝

Diese Hieroglyphe zeigt den Penis und die Hoden und bedeutet «Geschlecht», «Phallus», «das Männchen». Das Wort ABA, «der Phallus», ist eng verwandt mit

AB, «die Prahlerei» – wir können also vermuten, dass sich die ägyptischen Männer mitunter zu sehr aufspielten und wichtig machten.

Der Penis, aus dem Flüssigkeit austritt, steht für «zeugen» oder «urinieren».

kann aber auch als MET gelesen werden und bezieht sich dann ganz allgemein auf die Blutgefäße und Kanäle im Körper.

CHERUI

die unteren Partien

Was genau mit CH + R + U + I = CHERUI, «die unteren Partien», gemeint ist, wird durch das Bild der Hoden am Ende verdeutlicht; die Hoden waren für die Ägypter weder schamhaft noch edel, sondern einfach tiefer gelegen.

Man kann CHERUI auch als «die tragenden Teile» bzw. «die unterstützenden Teile» übersetzen. Die alten Ägypter waren um Ausdrücke nicht verlegen und haben für die wertvollen Hoden noch zwei weitere bezeichnende Namen erfunden: «die Roten» (INSU) und «die Börsen, die Säcke» (ISUI).

Die Frau ist ein erfrischender Quell

Während die Hieroglyphen den Mann im geschlechtlichen Sinne durch seine körperlichen Merkmale be-

stimmen, stellen sie die Frau als geschlechtliches Wesen in einer viel poetischeren Weise dar:

HEMET

die Frau

⌓, das T zur Kennzeichnung des Weiblichen, und das
Determinativ der sitzenden Frau kennen wir schon.
Aber was stellt ♡ dar? Es handelt sich um einen mit frischem Wasser gefüllten Brunnen, um eine Quelle, und
im übertragenen Sinn um die Gebärmutter oder die Va-
gina der Frau. In diesem heißen Land, wo das Wasser
der größte Reichtum ist, wird die Frau als Frischwas-
serquelle, als Lebensspenderin und Ursprung des täg-
lichen Glücks verehrt.

♡ hat die Wertigkeit von zwei Lauten und wird HEM
gelesen. Der Stamm HEM bedeutet auch «das Ruder»
oder «die Geschicklichkeit des Handwerkers». Und
steuert die Frau nicht tatsächlich kunstvoll das Geschick von Haus und Familie, was ja nicht ohne Verbindung mit dem Ruder ist?

Dem jungen Mädchen machen die Ägypter ein besonders schönes Kompliment:

HUNET

H + U + N + T = HUNET

Das Wort HUNET bezeichnet nämlich gleichzeitig
«das junge Mädchen» und «die Pupille des Auges» –
und das Auge galt den Ägyptern als das Symbol der
vollendeten Schöpfung.

Der menschliche Körper

Sprechende Haltungen

Der sitzende Mann verkörpert, wie wir bereits gesehen haben, das Wort für «Mann». Die sitzende Frau steht für das Wort «Frau».

Führt der Mann seine Hand zum Mund,

dann hat das verschiedene Bedeutungen: Es bestimmt zuallererst diejenigen Wörter, die sich auf Essen und Trinken beziehen, daneben Wörter in Verbindung mit Sprechen und Schweigen und schließlich solche, die mit dem Denken in Zusammenhang stehen.

Dieser sitzende Mann, der seine Hände dem Wasser entgegenstreckt, das aus einer Vase über ihm fließt, symbolisiert «Reinigung» und «Reinheit».

Dieser Mann in zusammengesunkener Haltung ist die Inkarnation von «Schwäche», von «Müdigkeit» und von der «Ruhe», die der erschöpfte Mann jetzt nötig hat.

Sitzen ist allerdings nicht unbedingt eine Garantie für Ruhe, denn der sitzende Mann, der eine Last auf dem Kopf trägt, verkörpert die anstrengenden Tätigkeiten «beladen», «tragen» und «arbeiten»:

Das nackte Kind mit dem Daumen im Mund steht für «das Kind» oder «jung sein»:

Wer «von Adel» oder «ehrwürdig» ist, der darf auf diesem Stuhl Platz nehmen:

Wieder andere Bedeutungen entstehen, wenn sich der Mann erhebt und aufrichtet.
Ein stehender Mann mit ausgestreckten Armen und gen Himmel gerichteten Handflächen bedeutet «vergöttern, verehren, beten, achten»:

Wenn er hingegen nur einen Arm ausgestreckt hält, so verkörpert er das Wort «rufen»:

Der Mann, der einen Stock festhält, ist ein Bild für «Anstrengung» und manchmal für «Gewalt»:

Diese Haltung der Verdammten, mit dem Kopf nach unten, ist die Strafe und die Hieroglyphe für «Maßlosigkeit» und «schwer wiegende Vergehen»:

Ein sitzender Mann mit einer Schlange auf dem Kopf.
Das Bild gibt die Vorstellung von «tragen» wieder.
Aus dem Grab des Ti in Sakkara.

Die alten Ägypter waren ein Volk von Baumeistern, und weil «das Bauen» eine der wichtigsten Leistungen ihrer Kultur war, gibt es eigene Hieroglyphen für diese Arbeit:

ein Mann, der in einen Mörser stampft, und ein Mann, der eine Mauer hochzieht.

Mit einem Stock in der einen Hand und einem Stück Stoff in der anderen ist der Mann «der Große», «der Würdige»:

Gekrümmt, sich auf einen Stock stützend, ist er «der Greis», «der Alte» geworden:

«Der Feind», «der Unruhestifter» und «der Rebell» müssen unschädlich gemacht werden; sie werden durch einen knienden Mann verkörpert, dem die Hände am Rücken gebunden sind:

Die Auferstehung ist das höchste Ziel für denjenigen, der sein Leben in Einklang mit der Regel von Maat, der Göttin der Wahrheit, verbracht hat; um auferstehen zu können, muss er sterben und mumifiziert werden.

Die aufgebahrte Mumie symbolisiert «Sterben», aber auch «das Schlafen» vor dem Erwachen in der Ewigkeit.

Ein ausdrucksstarkes Gesicht

Zahlreiche Hieroglyphen benennen das Gesicht oder einzelne Gesichtspartien:

 der Kopf (mit einem Kinnbärtchen),

 das Gesicht (von vorne gesehen),

 das Auge,

 die Nase (Gesicht im Profil, das auch «die Atmung», «die Freude» ausdrücken kann),

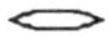 der halb offene Mund,

 die Oberlippe mit den Zähnen,

 die Haarsträhne,

 die Augenbrauen.

Die Macht sitzt im Nacken

Manchmal wird bemerkt, dass ein stämmiger und starker Mann einen «Stiernacken» habe; die Ägypter hätten diesem Bild nicht widersprochen, denn für sie war der Stier das Symbol der königlichen Macht und der Männlichkeit. Auch die Hieroglyphen zeigen uns, dass die Macht im Nacken sitzt, wählen für diese Darstellung jedoch ein anderes Tier:

USER

stark, mächtig, reich sein

Es handelt sich um den Hals und Kopf eines Schakals, Inkarnation des Gottes Anubis, der über die Einbalsamierung und die Seelen wacht. Möglicherweise verbirgt sich dahinter eine Andeutung auf den so wichtigen Augenblick der Auferstehung, in dem Kopf und

Hals wieder miteinander verbunden werden und der Körper damit bereit für die Ewigkeit ist.

Eine andere Darstellungsweise für die Macht ist:

SECHEM

Meister sein von, Macht ausüben über

Man hat also Macht, wenn man das Zepter so zu handhaben versteht wie der Pharao oder die Würdenträger des Staates.

Das Spiel der Hände

⌐ ist der ausgestreckte Unterarm mit gen Himmel gerichteter Handfläche.

Wenn dieser Arm eine geballte Faust hat, die einen Stock hält, ⌐, verkörpert er «die Anstrengung, die Kraft, der Sieg».

Der Arm mit dem Zepter in der Hand, ⌐, steht für «segnen, leiten, führen».

In der Form ⌐ bedeutet der Arm die uns bekannte Elle (0,52 Meter).

Die ausgestreckten Arme, ⌐, drücken die Verneinung aus.

Die hochgestreckten Arme, U, bilden das KA-Zeichen (das für «die schöpferische Kraft» steht).

Die gesenkten Arme in der Geste des Umschlingens, (), zeigen «umhüllen, umarmen».

«Die Hand» wird von der Seite dargestellt, mit geschlossenen Fingern und erhobenem Daumen: ⌐.

Die Faust ⌐ bedeutet «greifen, packen».

Wenn uns heute jemand die Hände entgegenstreckt, dann oft, um Almosen von uns zu erbitten. Diese Geste war im alten Ägypten unbekannt; wenn man dort die Hand ausstreckte, hielt sie ein für den anderen bestimmtes Brot!

▲—◠

DI

geben, schenken

Geben und schenken bedeutet andere ernähren und gut versorgen, um sie gesund zu erhalten (und damit auch sich selbst glücklich zu machen), denn nach Auffassung der alten Weisen gibt es kein Glück, das auf Egoismus beruht.

AU DJERET, «derjenige, der eine lange Hand hat», beschreibt folglich einen großzügigen Mann und hat mit unserem «Langfinger» überhaupt nichts zu tun.

Für Ägypten gilt: Je länger die Hand ist, umso größer wird die Gabe sein.

Ein kurzer Text, der oft an den Wänden der Gräber geschrieben steht, spricht davon, wie sehr die alten Ägypter auf Großzügigkeit bedacht waren:

N	SEDJER	S	HEKERU	M	NIUT	I

nicht übernachten ein Mann   hungrig   in die Stadt meine

= In meiner Stadt wird kein Mann hungrig übernachten müssen.

Die Daumensprache

Um seine Arbeit gut zu machen, muss man ausgeglichen sein und einen Sinn für Gerechtigkeit haben. Ein Terminus drückt alle diese Begriffe aus:

AKA

klar, genau, sorgfältig sein

Die beiden Daumen am Ende sind das Symbol dafür, dass man sich mit einem Maximum an Sorgfalt in seine Arbeit vertieft.

Die zwei Daumen erscheinen noch in einem anderen Wort:

METER

bezeugen

«Bezeugen» hat für die Ägypter demnach zwei Aspekte. Zum einen verlangt es Mut, was für die Ägypter anscheinend gleichbedeutend mit Männlichkeit war bzw. mit ⟿, «etwas unter dem Lendenschurz haben», wie einer meiner geschätzten Kollegen es einmal ausdrückte. Zum anderen sollte man nicht zögern, dabei «seine Daumen zu zeigen», das heißt, eine genaue und klare Aussage zu machen.

Der Ägypter zeigt Bein

Das Zeichen ⟋ kommt häufig vor: Es zeigt die Beine in Bewegung und steht für «kommen» bzw. «gehen»; zusätzlich ist es das Determinativ für alle Wörter, die der Kategorie der Bewegung angehören.

ௌௌ bedeutet «gehen und wiederkommen», «hinein-
und hinausgehen».

Das ganz gerade Bein, ⌋, ist gleichzeitig «das Bein»,
«der Fuß» und «der Ort, die Stelle» (worauf der Fuß
ruht).

Auch das gebeugte Bein, ⌡, bedeutet «Bein» oder
«Fuß», kann aber ebenfalls «Knie» oder «sich in Eile
fortbewegen» heißen.

Das Bein mit einer Vase darüber, aus welcher Wasser
herausfließt, 𝄐, ist das Symbol der Reinigung.

Was die Zehen, 𝍠, betrifft, so verkörpern sie den Begriff «ein Ziel erreichen». Auf guten Zehen gelangt man
schnell dorthin!

Unten auf der Säule
mit schönen Hieroglyphen aus
dem Neuen Reich erkennt man
die ausgestreckte Hand und die
Beine. Aus dem Grabmal von
Ramose in Theben-West.

Übung 2

1. Warum wohnt 😴 im Himmel?

2. Sieht man � tagsüber oder nachts?

3. Was sagte ein Ägypter, um ein gutes neues Jahr zu wünschen?

4. Wie viele Monde hat ein 🌟?

5. Schliefen die Ägypter während 🛏️🐍☉ ?

6. Warum hofften die Ägypter, dass 🐍☉, MIN, besser als ⌐☉, SEF, und schlechter als ✳☽☉, DUAU, sein wird?

7. Muss man sich während der Jahreszeit ═〰☉, SCHEMU, warm anziehen?

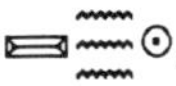

8. Würdest du lieber ⟨, TA, oder ᨆ, CHASET, bewohnen?

9. Wo findet man das süße Leben?

10. Warum warteten die Ägypter ungeduldig auf 𓀁𓏏𓏤𓈖 ?

11. Durch welche Hieroglyphe wird die Mutter symbolisiert?

12. Welches Tier symbolisiert Adel und Edelmut?

13. Welches Tier symbolisiert die Fähigkeit der Vorhersage?

14. Wie schreibt man «geboren werden, sich wandeln»?

15. Welcher Buchstabe wird verwendet, um «Mann» oder «Frau» zu schreiben?

16. Was bedeutet 𒀯 ?

17. Was bedeutet 𓏤 ?

18. Wie schreibt man «geben, schenken»?

Das fein geschnittene Gesicht einer Dame bei einem Festmahl. Aus dem Grabmal des Ramose in Theben-West.

Vom Liebesglück

Eine Hacke, ein Kanal und eine Pyramide: kann das Liebe sein?

MER

lieben

Hier siehst du eine Hacke, die benützt wird, um den Boden zu lockern; sie hat die Wertigkeit der zwei Laute M und R und wird MER gesprochen.

Sicherlich fragst du dich, warum ein so wichtiges Wort wie «lieben» mit einer Hacke dargestellt wird. Die Antwort darauf ist ganz einfach: weil die Hacke im alten Ägypten ein sehr wichtiges Werkzeug war. Der Pharao legte selbst Hand an, um mit der Hacke den ersten Aushub für einen neuen Tempel vorzunehmen; der Pharao öffnet also mit der Hacke die Erde, um den Grundstein für ein neues Bauwerk – und damit für die Ewigkeit – zu legen. Der Bauer wiederum öffnet mit der Hacke die Erde, um sie fruchtbar zu machen.

Das romantische Gefühl war den Ägyptern nicht das Wichtigste an der Liebe; für sie war die Liebe vor allem eine grundlegende Verbindung von großer Dauer und Ernsthaftigkeit, aus der Früchte hervorgingen. Bestimmt wird das Wort «lieben» am Ende durch den Mann, der die Hand zum Mund führt und der ja das Determinativ für alle Begriffe ist, die mit essen, sprechen, denken, also mit menschlichen Tätigkeiten, zu tun haben – die Liebe geht hier nicht nur durch den Magen, sondern auch durch den Kopf.

In Verbindung mit einem anderen Determinativ kann der Stamm MER auch «der Kanal» heißen. Und ist die Liebe nicht ein Energiekreislauf, vergleichbar einem Kanalsystem, durch das eine belebende Kraft fließt, die so notwendig wie das Wasser selbst ist? Noch einmal anders bestimmt wird MER «die Pyramide» und damit das Symbol der Liebe, die den Pharao mit den Göttern verbindet.

Hacke, Kanal, Pyramide . . . In diesen Bildern verdichtet sich, was die Ägypter mit der Liebe verbinden: die Liebe als Arbeit und kulturelle Leistung, die im Anlegen, Aufbauen, Kultivieren besteht, die Liebe als lebensspendende Energie und die Liebe als die Verbindung mit dem Göttlichen. Doch wenn derselbe Stamm MER durch den Vogel des Bösen bestimmt wird, nimmt die Liebe den Aspekt von «Krankheit» an – zweifellos konnten auch die Ägypter krank vor Liebe sein.

Die körperliche Liebe – der Sex – wird als vergnüglich und süß empfunden, was durch diese Hieroglyphe ausgedrückt wird:

NEDJEM

süß, angenehm

Das Zeichen stellt die Frucht des schönen Johannisbrotbaumes dar, der damals in den ägyptischen Landen weit verbreitet war. Seine Früchte schmeckten köstlich und wurden zu einem süßen Saft verarbeitet.
Den Höhepunkt des Liebesspiels – den Orgasmus – nannte man sinnigerweise NEDJEM-NEDJEM, «süß-süß».
Für «Liebe machen» bzw. «Sex» gebrauchten die Ägypter dieses Wort:

NEHEP

Liebe machen

Der gleiche Stamm NEHEP kann mit anderen Determinativen auch «Sorge tragen für», «Herzklopfen haben» und «stöhnen» aussagen.
Wie überall auf der Welt gaben auch die Verliebten in Ägypten einander allerlei charmante Kosenamen, wie zum Beispiel «mein kleiner Vogel».

Kein Kosename hingegen ist dieses Wort, auch wenn es wie das französische «chéri» – zu Deutsch Schätzchen – klingt:

CHERI

CHERI wird bestimmt durch den Vogel des Bösen und bedeutet «klein sein», «schwach sein». Armes Schätzchen!

Einen Menschen, mit dem man intim verkehrt, kennt man auf eine andere Weise als ein Thema oder ein Wissensgebiet, in das man sich vertieft, und auch die Hieroglyphen unterscheiden hier deutlich.

Die Kenntnis eines Themas wird durch die versiegelte Papyrusrolle bestimmt, das Determinativ des abstrakten Denkens:

RECH

kennen (ein Thema, ein Gebiet)

Wird der gleiche Stamm RECH durch den Penis bestimmt, wissen wir, dass es sich um ein ganz intimes Wissen handelt:

RECH

kennen (eine geliebte Person)

Das Glück ist grün wie ein Papyrus

UADJ

Papyrus, kraftvoll sein

Die Hieroglyphe zeigt einen Papyrusstängel, und das Wort UADJ bedeutet «Papyrus», aber auch «grün sein» und «kraftvoll, gesund, wohlhabend, glücklich sein».

Das Glück ist also grün wie ein Papyrus, und in der grünen Natur entfaltet sich dieses Glück auf die vollkommenste Weise. Das Grün wurde Ägypten übrigens von der Kobra-Göttin UADJET geschenkt, der Beschützerin des Pharaos.

AUT   IB

Die Breite des Herzens

«Ein breites Herz» symbolisiert «Freude» und «Glück», wohingegen ein kleinliches und enges Herz eine sehr traurige Angelegenheit ist.

SEBET

lachen

Das Wort «lachen» wird durch einen Zahn bestimmt, den man beim Lächeln zeigt.

Hier noch ein geläufiger Ausdruck, der den Ägyptern am Herzen liegt:

IR	HERU	NEFER
machen	*ein Tag*	*glücklich*

IR HERU NEFER bedeutet, dass man einen guten, schönen und vollkommen gelungenen (NEFER) Tag vollbracht hat, in dessen Verlauf eine jede Handlung an ihrem richtigen Platz war.

Aber wäre das Glück vollständig ohne die Freundschaft?

AK   IB

Derjenige, der eindringt in das Innere des Herzens

AK IB ist der wahre Freund, auf den man sich verlassen kann.

Wenn die Ägypter eine Familie gründen

Der Vater ist eine Schlange

IT

der Vater

Diese Hieroglyphe ist eine der beliebtesten Fallen für ungeübte Ägyptologen. Als solche wissen wir ja in der Sache gut Bescheid und kennen unser Alphabet, sodass wir ganz überzeugt drei Buchstaben identifizieren:

$$\big\backslash = I$$
$$\frown = T$$
$$\sim = F$$
$$I + T + F = ITEF$$

Dieses Wort gibt es aber nicht! Wie kann das sein? Sollte etwa unser Alphabet nicht stimmen?

Nehmen wir uns unsere Hieroglyphen noch einmal vor. In diesem Wort nämlich, und zwar einzig und allein in diesem Wort (vielleicht auch, weil das Vatersein etwas Einzigartiges ist), darf man die Hornviper, ⟋ , nicht als F lesen, denn sie ist hier kein Buchstabe des Alphabets, sondern nur ein Symbol für «Vater». Das Wort muss IT gelesen werden und wird durch die gehörnte Schlange bestimmt. Der Vater ist also eine Schlange. Sahen die Ägypter etwa den Vater als besonders gefährliche Giftschlange an, gar als einen, der seinen eigenen Kindern den Tod brachte?

Weder die Texte noch die Flachreliefs schildern so etwas Abscheuliches. Gemeint ist hier vielmehr eine mythologische Schlange, die «Schöpferin der Erde», die als Beschützerin der Menschen gilt. Die Schlange symbolisiert also eine positive Energie, die durch den Erdboden strömt und ihn fruchtbar macht. Mit einem anderen Determinativ bezeichnet das Wort IT übrigens auch «Gerste», ein im alten Ägypten wichtiges Getreide und Grundnahrungsmittel, mit dem jeder Vater seine Kinder ernährte.

Die Mutter ist ein Geier

MUT

die Mutter

Diesmal ist das Wort leicht zu lesen; die Buchstaben spielen uns keinen Streich.

M + U + T = MUT; das Wort wird durch das Bild des weiblichen Geiers bestimmt, das auch für sich allein genommen als MUT gelesen werden kann.

Während der Vater (die Schlange) auf der Erde lebt, ist die Mutter im Himmel angesiedelt, auch wenn es sich bei ihr um einen Geier handelt, den wir wenig sympathisch finden! Die Ägypter aber sahen in ihm die Mütterlichkeit bestens verkörpert, weil die Geier sich sehr intensiv um ihre Jungen kümmern. Auch die große Göttin von Karnak, die Frau Amuns, heißt MUT.

Die Geier-Hieroglyphe vermittelt uns ein geheimnisvolles Wissen: Obwohl MUT ein himmlisches Wesen ist, fällt es ihr nicht schwer, auf die Erde herabzukommen und Kadaver in Stücke zu reißen, um damit sich und ihre Kinder zu ernähren; für die Ägypter besaß die Mutter also die Macht, noch den Tod in ein Lebens-Mittel zu verwandeln, um selber Leben schenken zu können. Wird hier nicht in einer Hieroglyphe die ganze Spannweite des menschlichen Daseins heraufbeschworen?

Liebling, ich habe die Bohne geschluckt!

Das Wort 𓇋𓃛𓂋𓆰 spricht für sich.

𓇋 𓃛 𓂋

I + U + R wird IUR gelesen und durch die sitzende Frau im Profil mit Perücke bestimmt; diesmal hat diese Frau einen deutlich rundlichen Bauch. Ganz sicher ist Vater Schlange ins Innere von Mutter Geier geschlüpft, und sie ist IUR, «schwanger».

Nun bedeutet aber das Wort IUR auch «Bohne». Wenn zur Zeit der Pharaonen eine ägyptische Frau ihrem geliebten Mann also die freudige Mitteilung machen wollte, dass sie schwanger sei, flüsterte sie ihm vermutlich ins Ohr: «Liebster, ich habe die Bohne geschluckt.»

Für Geburt und Wachstum:
zwei Hörner, drei Häute und ein Skarabäus

In unserer Kultur haben Hörner keinen besonders guten Ruf, sagt man doch über betrogene Ehemänner, dass ihre Frauen ihnen Hörner aufgesetzt haben. Das ist in Ägypten ganz anders. Die großen Gottheiten wie Amun, Osiris oder Chnum tragen ganz selbstverständlich Hörner. Und das zweifache Horn weist auf sehr wichtige Wörter hin.

UP

UP bedeutet «aufmachen» oder «öffnen» in verschiedenen Wendungen:

Bei der Geburt bedeutet UP die Öffnung des Muttermunds.

Bei der Vorbereitung für das Ritual der Auferstehung bedeutet UP das Öffnen von Gesicht, Mund und Ohren der Mumie.

Im Sinne von «Eröffnung» heißt UP außerdem Neujahr oder feierliche Einweihung.

Schließlich bedeutet UP auch die Erschließung einer neuen Wegstrecke.

Neben diesen verschiedenen Arten des Öffnens wird UP auch im Sinn von «herausfinden, beurteilen, unterscheiden, erkennen» verwendet. Die beiden Hörner symbolisieren dann zwei Bereiche, die wir Menschen zwar als unterschiedlich erkennen, für die wir aber keine eigenen Wörter erfunden haben.

Sobald der Muttermund geöffnet ist, kann die Geburt beginnen:

MES

geboren werden

Das Determinativ am Ende des Wortes zeigt eine hockende Frau mit vor Erschöpfung hängenden Armen; unter ihr erscheinen Kopf und Hände des Neugeborenen, denn die Ägypterinnen gebären stehend, umgeben von mehreren Hebammen.

Die erste Hieroglyphe, 𓏥, stellt drei oben miteinander verbundene Tierhäute dar und wird MES gelesen. MES bedeutet «gezeugt von» und gilt ebenso für den Pharao, der von den Göttern gezeugt wurde, wie für jedes von Vater und Mutter gezeugte Kind. Wie erklärt sich dieses seltsame Symbol? In der Vorstellung der Ägypter musste jeder bei der Geburt durch drei Häute hindurchschlüpfen. Die Zahl drei war für die Ägypter anscheinend eine heilige Zahl der Vollkommenheit, da sie den drei Bereichen des Universums – Himmel, Erde und die Welt dazwischen – entspricht. In ihren alten Texten heißt es auch «aller Götter sind drei» und «die Zahl drei birgt ein ausgewogenes Ganzes».

Der Gedanke der Geburt wird aber auch durch den Skarabäus ausgedrückt:

CHEPER

geboren werden, ins Leben treten, entstehen, sich entwickeln, sich verändern

Geboren werden ist ja nur der Anfang; man muss wachsen und sich entwickeln. In den Augen der Ägypter ist dieser Mistkäfer ein richtiger Alchimist. Wenn er nämlich mit seinen «Pfoten» eine Mistkugel formt, bereitet er damit in ihrer Vorstellung die Geburt einer neuen Sonne vor. Deshalb vergleichen sie die Morgensonne mit einem Skarabäus, dem Symbol des neuen Lebens, das aus der Finsternis aufsteigt. Der Skarabäusgott heißt Chepre.

Wenn ein Ägypter über die verschiedenen Stadien seines Lebens sprach und abschließend sagte: «Ich habe meine Skarabäen vollendet», so wollte er damit ausdrücken, dass er seine Entwicklung als geglückt ansah.

Der Lebensatem ist der Wind in den Segeln

Der Lebensatem ist für die Ägypter wie das Wasser ein lebensnotwendiges Element. Eng verbunden mit dieser Vorstellung ist die folgende Hieroglyphe:

TSCHAU

die Luft

Es handelt sich um einen Mast und ein vom Wind geblähtes Segel. Man kann den Wind zwar nicht sehen, doch man sieht seine Wirkung und erkennt an ihr, dass es ihn tatsächlich gibt. Diese Luft-Hieroglyphe wird auch für den Ausdruck «Atem des Lebens» verwendet. Der «Atem des Lebens» wurde dem Pharao von den Göttern verliehen, damit er ihn an sein Volk und an die Neugeborenen weitergeben kann, die diesen Atem brauchen, um die ersten Prüfungen des Da-

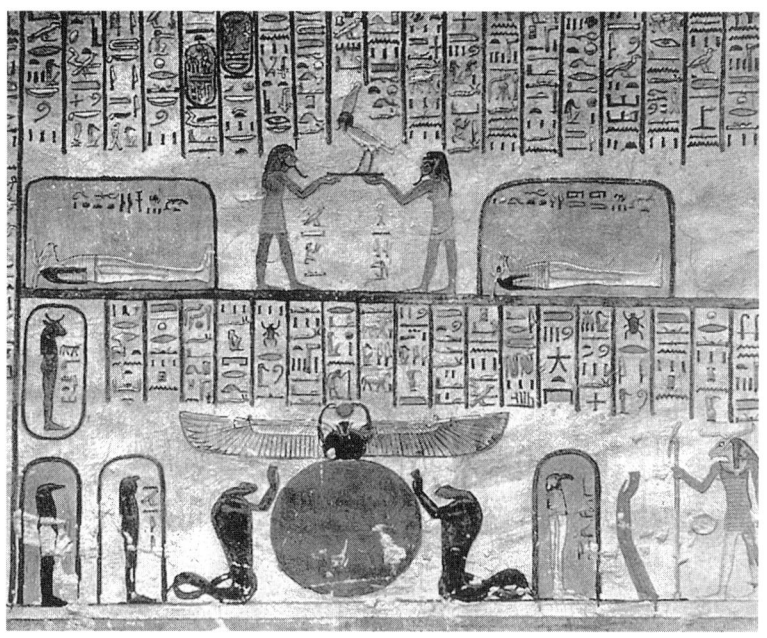

Diese Szene zeigt die Wiederkehr der Sonne in
Form eines geflügelten Skarabäus, der das
Symbol der göttlichen Wandlungen ist. Aus dem
Grabmal von Ramses VI. im Tal der Könige.

seins zu bestehen. Und eine der großen Freuden des
Jenseits ist es, dass man den «Atem des Lebens» dort
für alle Ewigkeit besitzt.

Ist's ein Junge oder ein Mädchen?

Endlich ist das Kind also da. Es wurde gezeugt, ist
«durch drei Häute geschlüpft» und beginnt zu atmen.
Aber ist es nun ein Junge oder ein Mädchen? Wieder
taucht die Ente auf. 𓅭 wird SA gelesen.

Wenn es sich um einen Jungen handelt, bekommt die Ente das Determinativ für Mann:

SA

der Sohn

Handelt es sich um ein Mädchen, dann folgt der Ente das weibliche T und das Determinativ für Frau:

SAT

die Tochter

Das taubstumme Kind

Das geläufigste Wort zur Bezeichnung eines Kindes ist:

CHERED

das Kind

CH + R + D = CHERED; das Wort wird bestimmt durch ein nacktes Kind, das einen Arm herabhängen lässt und die rechte Hand vor den Mund hält zum Zeichen, dass es noch nicht sprechen kann.
Eine andere Bezeichnung für das Kind :

ID

I + D = ID; das Wort endet mit dem gleichen Determinativ für Kind, doch bedeutet ID auch «der Taube» bzw. «der, der nicht hört»! Wir haben bereits von der großen Bedeutung gesprochen, die das Hören und Zuhören für das richtige Leben besitzen. Da Kinder den Sinn von Worten und die Weisheit von Ratschlägen noch nicht verstehen, waren sie für die Ägypter deshalb so gut wie taub. Also bestand die Aufgabe der Erziehung darin, «dem Kind das Ohr zu öffnen, das sich auf seinem Rücken befindet», wie der Wesir Ptahhotep es einmal ausdrückte.

Um Unwissenheit auszudrücken, schreibt man:

CHEM

nicht wissen

CH + M = CHEM; das Wort wird bestimmt durch die beiden ausgestreckten Arme, die eine Geste der Verweigerung und des Unvermögens sind. CHEM bedeutet auch «zerstören, Böses tun, schaden, ausstoßen, austrocknen, unfruchtbar sein», denn in der Vorstellung der Ägypter sind das die Folgen der Unwissenheit.

Deshalb ist die Erziehung in der ägyptischen Gesellschaft so besonders wichtig, und die Wissenschaft von den Hieroglyphen steht an höchster Stelle, denn durch sie erfasst man die Wirklichkeit bis in alle ihre verborgensten Winkel.

Die Göttin Isis sitzt hier auf der Hieroglyphe, die «Gold»
symbolisiert, und bereitet die Auferstehung ihres ermordeten
Brudergemahls Osiris vor. Aus dem Grabmal von
Thutmosis III. im Tal der Könige.

Vom Namengeben

Den Namen bilden zwei leicht zu lesende Hieroglyphen:

REN

der Name

Die Namengebung ist für einen Ägypter von größter
Bedeutung, denn der Name ist eine Eigenschaft jedes
Wesens, die nach seinem leiblichen Tod weiterlebt,
wenn das Totengericht im Jenseits diesen Namen als
berechtigt anerkennt.

REN, «der Name», besteht aus zwei Hieroglyphen:
dem Mund ⟨⟩, der das Wort ausspricht, und der
Energie ⌇. Jemandem einen Namen geben bedeutet,
seine Energie in Worte zu fassen. Die Ägypter waren
überzeugt, dass man die wahre Natur eines Gegenstandes oder eines Menschen erst dann kennt, wenn man
seinen Namen weiß.

Dabei kannten die Ägypter nicht nur einen, sondern
viele verschiedene Namen:

REN AA

der große Name

REN   NEDJES
der kleine Name

Du siehst, dass in der Hieroglyphenschrift das Adjektiv hinter dem Substantiv steht; genau genommen steht da also «der Name, groß», «der Name, klein» und so weiter.

REN NEFER
der schöne Name

Das ist der bleibende Name, den der Auferstandene erhält.

REN   MAA
der wahre Name

Dies bezeichnet den als gerecht anerkannten Namen, der im Einklang mit Maat, der richtigen Weltordnung, steht (und nicht einen «richtigen Namen» im Unterschied zu einem «falschen» Namen, denn eine solche Unterscheidung wäre im alten Ägypten undenkbar).

REN SCHETA
der geheime Name

Den erhält das Kind von seiner Mutter oder von einem Priester, aber es erfährt ihn erst im Erwachsenenalter, und auch dann nur, wenn man es dieses Namens für würdig erachtet.

Für einen Verbrecher gab es keine schlimmere Strafe, als wenn das Gericht ihm seinen Namen aberkannte und durch einen anderen Namen ersetzte, der dann für die Ewigkeit galt. Ein solches Schicksal wurde einem Verschwörer zuteil, der einen Mordanschlag auf Ramses III. verübt hatte. Die Richter gaben ihm den üblen Namen «Der das Licht hasst».

«Einen Namen aussprechen» heißt:

DEM REN

Das Wort DEM, das durch das Messer symbolisiert wird, bedeutet «schneiden, schärfen». Man muss «den Namen schärfen», das heißt ihn zurechtschneiden, bis er so genau und wirksam wie möglich ist.

Ein mit dem Namen verwandtes Wort bedeutet «erziehen, an der Brust nähren»:

RENEN

Gibt man einem Kind einen Namen, so übernimmt man damit auch die Verantwortung dafür, dass es ernährt wird, eine Erziehung erhält und die Möglichkeit bekommt, sich zu entwickeln. Die Schlangengöttin der Ernte und Fruchtbarkeit, deren Schutz man erflehte, heißt übrigens RENENUTET, «die Ernährerin». Im Denken der Ägypter sind «benennen» und «ernähren» untrennbar miteinander verbunden.

Die letzten ägyptischen Vornamen: Susanne und Isidora

Einige ägyptische Namen haben sich über Jahrhunderte erhalten und sind schließlich mehr oder weniger ähnlich in die europäischen Sprachen eingegangen. Das ist bei zwei Vornamen der Fall.

SESCHEN
die mit der Lotusblüte = SUSANNE

Der Name besteht aus den Konsonanten S + SCH + N; wir geben ihn als SESCHEN wieder, da wir ja nicht wissen, welche Vokale die Ägypter benutzten (es ist genauso gut möglich, dass sie ihn Suschane aussprachen). Der Name wird durch die Lotusblüte bestimmt, die den Frauen als Schmuck diente.

Bei Isidora, einem heute weitgehend vergessenen Vornamen, ist die Herkunft aus dem Ägyptischen weniger offensichtlich, doch genauso sicher; man muss nur Isidora getrennt lesen, «Der von Isis Gegebene»[1]. Die «Isidoras» sind demzufolge Nachkommen (zumindest dem Vornamen nach) der letzten Eingeweihten in die Mysterien der Isis.

Der englische Vorname Humphrey und der italienische Vorname Onofrio stammen von dem ägyptischen UN-NEFER ab. Der Gott Osiris wurde häufig als UN-NE-

---

1 In Hieroglyphenschrift steht PA-DI-ASET, «Der von Isis Gegebene», «Der, den Isis gegeben hat». Der Artikel PA ist verschwunden, ASET wurde lautlich verändert und ist zu Isis, Isi geworden. Das ägyptische DI, «geben», wurde im Laufe der Zeit zu «dora». Wenn wir nun noch aus Respekt den Namen der Göttin voranstellen, erhalten wir Isi(s)-dora.

FER bezeichnet, das heißt «das gute, das vollkommene Wesen». Wenn du also jemanden Humphrey oder Onofrio nennst, so behandelst du ihn gewissermaßen als . . . Osiris.

Seschat, die Herrin über den Ort der Bücher
und Göttin der Schreibkunst, beteiligt sich
am Bau des Tempels, indem sie einen Pflock
einschlägt. Aus Karnak.

In der Hieroglyphenschule

Der Unterricht steht unter einem guten Stern

«Unterrichten» heißt:

SEBA

S + B + A = SEBA; das Wort wird bestimmt durch einen
Mann, der mit einem Stock hantiert; dieses Determinativ unterstreicht, dass unterrichten anstrengend ist.
Wird dasselbe Wort SEBA durch einen Stern bestimmt,
erhält es einen ganz anderen Sinn:

SEBA

Stern

Nun kann das Wort «unterrichten» aber auch so geschrieben werden:

und auf diese Weise beide Ideen verbinden: Unterrichten ist gewiss anstrengend für den Lehrer, aber dem
Schüler bringt es Klarheit, einen Stern, an dem er sich
orientieren kann. Der Unterricht öffnet die Tür zur Er-

kenntnis, und so verwundert es nicht, dass SEBA mit einem anderen Determinativ auch «die Tür» heißen kann.

Stillsein und Zuhören

In Ägypten betrachtet man einen Schwätzer als einen Übeltäter und vergleicht ihn mit einem abgestorbenen Baum. Denn um lernen zu können, muss man zuallererst einmal still sein :

GER

Stille, still sein

G + R = GER, wobei der Mann sich zum Zeichen seines Schweigens die Hand vor den Mund hält.
Aber mit dem Schweigen allein ist es nicht getan, ein guter Schüler muss auch aufnahmefähig sein:

SEDJEM

Ohr

Dies ist kein Menschenohr, sondern das Ohr der heiligen Kuh, die der Himmelsgöttin Hathor geweiht ist; es hat die Wertigkeit der drei Laute S + DJ + M = SEDJEM. Erinnerst du dich, dass das Hören und Zuhören für die Ägypter so wichtig ist, dass «die Ohren» stellvertretend für «die Lebendigen» stehen?

Informieren ist eine Herzensangelegenheit

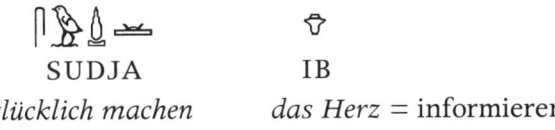

SUDJA   IB

glücklich machen   *das Herz* = informieren

𝄽 = S

𝄾 = U

𝄿 ist ein Stock, den man in ein Stück Holz eingekeilt hat, um Feuer zu machen; das Zeichen entspricht den zwei Lauten DJ + A = DJA. Das Determinativ ⚊, der aufgerollte und versiegelte Papyrus, zeigt an, dass es sich bei dem Wort um einen abstrakten Begriff handelt.

♡, die Vase, die das Herz symbolisiert, liest man IB. Der ganze Ausdruck wird folglich SUDJA IB gelesen, «das Herz beglücken», das heißt es unterrichten und informieren.

Lernen gilt also nicht als Plage, sondern macht vom ägyptischen Standpunkt aus gesehen glücklich. Die Vase IB, die man dafür braucht, meint allerdings nicht nur das Herz als Körperorgan, sondern vielmehr das Bewusstsein, das die Ägypter sich als eine Art Behältnis für Gedanken und Wissen vorstellen. Kein Wissen ohne Herz, sagt der Ägypter, und kein Wissen ohne ein «weites Herz».

Die Ausbildung des Charakters

Will man einen Charakter formen und zugleich einen wertvollen Menschen heranbilden, dann ist das Beste dafür der Meißel, der MENECH gelesen wird. Wenn der Meißel durch das Determinativ für Abstraktes, ⸗, bestimmt wird, bedeutet das Wort ⸗, MENECH, «tatkräftig, tüchtig, charakterfest, vertrauenswürdig, hervorragend, ausgeglichen».

Mit dem Meißel kann man ein Stück Holz anspitzen und erhält dann:

KED

der Charakter, die Gesinnung

Der Charakter gleicht also einem Pflock, den man fest in den Boden rammen kann.

Die weisen Ägypter sind der Auffassung, dass sich der Charakter formen lässt wie Ton, Holz oder Stein und nur dann etwas taugt, wenn er seinem Besitzer eine solide Stütze ist.

Ein Bohrer für den Durchblick!

Um zu Wissen zu gelangen und die Welt kennen zu lernen, ist neben dem Hören das Sehen von entscheidender Bedeutung.

MA

, die Sichel, hat die Wertigkeit der zwei Laute M + A = MA; das Wort wird bestimmt durch ⸙,

das Auge, das anzeigt, dass es in die Kategorie des Se-
hens gehört.

Doch was hat die Sichel mit dem Sehen zu tun? Sie
besagt, dass Sehen ein Akt der Trennung und Unterscheidung von Gegenständen ist und dass das Sehen
uns lebenswichtige Nahrung liefert.

Um zu betonen, dass man ganz klar sieht, also den echten Durchblick hat, benutzt man die Hieroglyphe:

UBA

Sie zeigt einen Bohrer samt dem Loch, das er gerade ge-
bohrt hat; das Werkzeug wird hier also mitten bei der
Arbeit abgebildet.

UBA HER, «durchbohrenden Blickes», bedeutet «der
gut Sehende» bzw. «der Durchschauende».

Mörderisch klingt UBA IB, «das Herz durchbohren»;
die Ägypter meinen damit aber im Gegenteil «von
jemandem ins Vertrauen gezogen werden».

Beim Schreiben klemmt sich der Schreiber
stets Reservepinsel hinter das Ohr. Aus dem
Grab der Prinzessin Idut in Sakkara.

Lesen und Schreiben

Lesen stillt den Durst

SCHED
lesen

Die Hieroglyphe stellt einen mit Wasser gefüllten Lederschlauch dar und entspricht den zwei Lauten SCH + D = SCHED. Das Wort wird bestimmt durch den Mann, der seine Hand vor den Mund hält und dadurch anzeigt, dass das Wort mit Denken, mit Sprache, mit Stille (um ungestört lesen zu können) und mit Essen und Trinken verbunden ist. Für die Ägypter war Lesen eine köstliche Erfrischung gleich dem kühlen, wohltuenden Nass aus dem Wasserschlauch. Gibt es etwas, das den Durst besser stillt als ein schöner Text? So erklärt sich, dass ein guter Leser immer über einen gut gefüllten Schlauch verfügt.

Wer liest, kann also nicht verdursten. Und auch vertrocknete Herzen leben durch das Lesen wieder auf. Darüber hinaus bedeutet der Wortstamm SCHED auch «die Brust geben» (Lesen gleicht damit der nahrhaften Muttermilch), «erziehen» und «vertiefen».

Durch das Lesen vertieft man sein Wissen und dringt zum Wesentlichen der Dinge vor.

Schreiben ist ein künstlerisches Handwerk

Um sich die Hieroglyphen wirklich einzuprägen, muss man sie zeichnen. Die alten Schreibkundigen brächten wenig Sympathie für unsere Schreibmaschinen und Computer auf, weil durch sie das Handwerk und die Kunst des Schreibens aussterben. Denn ein Schreiber braucht geschickte und kundige Hände, um die komplizierten Hieroglyphen elegant geformt und ausgewogen angeordnet auf Papier zu malen, in Holz zu schnitzen oder in Stein zu meißeln. Die für «schreiben» verwendete Hieroglyphe ist sehr bezeichnend:

SESCH
schreiben, zeichnen, malen

Diese Hieroglyphe entspricht den zwei Lauten S + SCH = SESCH und zeigt uns das Material, das der Schreiber zum Schreiben braucht und das er überall mit sich führt; und zwar:

- das Behältnis für die Schreibrohre, spitze Schilfrohrstücke, die man mit unseren Gänsefedern vergleichen könnte;
- der Becher mit Wasser, um die Tintenpaste anzurühren;
- die Holzpalette mit zwei Löchern für die schwarze und rote Tintenpaste.

Die Palette dient als Unterlage; der Schreiber taucht einen kleinen Pinsel in den Becher mit Wasser und rührt damit die Tintenpaste an; dann taucht er ein Schreibrohr in die flüssige Tinte und schreibt. Wenn der Schreiber mit seiner Ausrüstung weiterzieht, hält eine kleine Schnur die verschiedenen Teile zusammen.

Etwas zum Briefwechsel

Die Ägypter waren schreibfreudig und schickten gerne Botschaften nicht nur an Lebende, sondern auch an Tote. So schrieb einmal ein Witwer seiner toten Frau, sie solle aufhören, ihn zu verfolgen, zumal er sich ihr gegenüber stets mustergültig verhalten habe.
Zu Beginn eines Briefes verwendet man eine Höflichkeitsformel, deren Teile wir schon kennen:

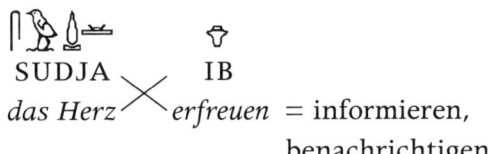

SUDJA　　　　IB
das Herz　*erfreuen* = informieren,
　　　　　　　　　　　　　benachrichtigen

Der Briefschreiber beginnt seine Botschaft folgendermaßen: «Darf ich dein Herz erfreuen (mit dieser Nachricht) . . .» Und die Schlussformel lautet:

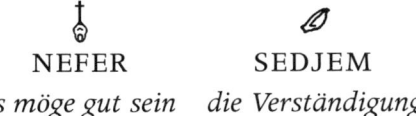

NEFER　　　　SEDJEM
es möge gut sein　*die Verständigung*

Man drückt damit die Hoffnung aus, dass der Leser des Briefes den Inhalt gut verstanden hat. Man könnte das auch übersetzen als: «Wer Ohren hat, der höre!»

In der Mitte der Hieroglyphensäulen in
Karnak breitet Thot die Arme aus und weist
damit auf eines der Tempelmaße hin.

Rechnen und Maßnehmen

Die ägyptischen Zahlen

Ein ganz einfaches Wort:

IP

zählen, festhalten, aufteilen, überprüfen, durchzählen, ausmessen

Das Wort setzt sich zusammen aus

I + P = IP und hat das Determinativ für abstrakte Begriffe. Es wird in einem Ausdruck verwendet, der auf den Wänden des großen Tempels von Karnak häufig zu sehen ist:

IPET	SUT
Die Zählerin	*der Plätze*

Mit der «Zählerin» ist der Tempel von Karnak gemeint (das Wort «Tempel» ist im Ägyptischen weiblich); dieser hatte nämlich die Oberaufsicht über alle anderen ägyptischen Tempel, registrierte sie und wies ihnen den ihnen angemessenen Rang zu.

Die drei Buchstaben des ersten Wortes sind leicht zu erkennen:

I + ▢, P + ⌒, T = IPET.

Das Zeichen für den Thron, ⌡, entspricht den zwei Lauten S + T = SET.

Die drei Striche, |||, weisen auf den Plural hin; SET liest man deshalb als SUT.

Was die Hieroglyphe ⊗ betrifft, so handelt es sich um eine Kreisform, deren zwei Achsen sich im rechten Winkel schneiden; sie symbolisiert einen Ort und dient als Determinativ für alle Wörter, die eine Stadt, eine Ortschaft, schließlich sogar ein Land bezeichnen.

Wie zählten die Ägypter mit ihren Hieroglyphen?

| | = 1

|| = 2

||| = 3

|||| = 4 usw.

∩ = 10

∩∩ = 20

∩∩∩ = 30 usw.

ϟ = 100

ϟϟ = 200 usw.

𓎆 (die Lotusblüte) = 1000

𓏺 (der Daumen) = 10 000

𓆐 (die Kaulquappe) = 100 000

𓁨 (der sitzende Mann mit einer Feder auf dem Kopf und erhobenen Armen zum Zeichen der Freude) = 1 000 000 oder eben unendlich viel.

Willst du eine bestimmte Zahl schreiben, brauchst du nur diese verschiedenen Elemente zu kombinieren:

$$ϟ \; ∩∩ \; |||| = 124.$$

Die Hieroglyphe X, die wie unser Buchstabe im Alphabet und wie unser Multiplikationszeichen aussieht, bereitet Ägyptologen heftiges Kopfzerbrechen. Sie hat nämlich mehrere mögliche Lesarten:
UPI, «teilen»,
HESEB, «zählen»,
DJAI, «hinübergehen»,
SUA, «vorübergehen»,
HEDJI, «beschädigen».
Manchmal kann man nur aus dem Gesamtinhalt erschließen, um welche Bedeutung es sich im Einzelfall handelt.

Die wichtigsten Maße

Die Ägypter konnten nicht nur zählen, sie hatten auch schon ihre Maße. Ja, sie waren wahre Meister im Berechnen und Vermessen, ganz egal, ob es sich um die Fläche der Felder, den Inhalt der Weizensäcke, die Größe von Essensportionen oder Oberflächen handelte. Sie vermaßen ganze Tempel und hatten dafür nicht einmal einen Zirkel zur Verfügung – der war nämlich damals noch gar nicht erfunden –, eine einfache Schnur übernahm seine Aufgaben.

Man würde eine sehr technische Abhandlung benötigen, wollte man alle ägyptischen Maßeinheiten angeben, denn sie unterscheiden sich von den unseren; ich stelle hier deshalb nur die wichtigsten vor:

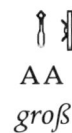

AA
groß

$\mathord{\uparrow}$ zeigt eine Säule. Sie entspricht den zwei Lauten A + A = AA. Das Determinativ $\mathord{\text{\}}$ weist das Wort als einen abstrakten Begriff aus.

NEDJES

klein

Das Wort setzt sich zusammen aus 〰, N + , DJ + $\mathord{\uparrow}$, S = NEDJES; es wird bestimmt durch den kleinen Vogel $\mathord{\text{\}}$, der anzeigt, dass es in die Kategorie des Bösen, des Unglücks oder der Winzigkeit gehört.

AU

lang

Das Zeichen steht für die zwei Laute A + U = AU und stellt die Wirbelsäule mit Wirbeln und Rückenmark dar, das an beiden Enden austritt.

SECH

weit

Das Wort besteht aus $\mathord{\uparrow}$, S + ⊜, CH = SECH und wird durch eine Vase mit weiter Öffnung bestimmt.
Der symbolische Ursprung aller Maße ist das berühmte Auge des falkenköpfigen Gottes Horus:

UDJAT

das heilige (heile oder geheilte) Auge

Der Mythos erzählt, dass der Gott Seth, nachdem er seinen Bruder Osiris ermordet und zerstückelt hatte, dessen Sohn Horus ein Auge ausriss, um zu verhindern, dass dieser ihm den Thron streitig machte. In mühseliger Kleinarbeit gelang es dem Gott Thot, das Auge wieder in Ordnung zu bringen und zu heilen. Horus siegte schließlich gegen Seth und wurde eine der größten ägyptischen Gottheiten.

Die Ägypter liebten das Horusauge sehr, denn es war ihnen Symbol für die wieder erlangte Unversehrtheit, für die ewige Erneuerung des göttlichen Pharaonentums und Garantie dafür, dass die Harmonie des Universums immer wieder hergestellt werden würde – ein echter Glücksbringer also.

Jeder Teilbereich dieses Horusauges entspricht einem bestimmten Bruchteil:

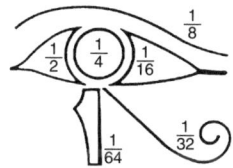

Wenn du die Bruchteile addierst, wirst du feststellen, dass sie kein Ganzes ergeben, sondern nur $\frac{63}{64}$; die Ägypter nahmen an, Thot habe das fehlende $\frac{1}{64}$ durch Zauberei unterschlagen.

«Ein gutes Auge haben» bedeutet, jedes Ding richtig einschätzen; «ein schlechtes Auge haben» dagegen, die Dinge falsch einschätzen.

Übung 3

1. Warum ist ⳹ so wichtig?

2. Sind die Ägypter gerne ⳼ ⳗ ⳹?

3. Ist ⬭ⳗ besser als ⬭ ⌢?

4. Welche Werte verkörpert der Papyrusstiel ⳗ?

5. Warum ist der Ausdruck ⳾ ⳇ gleichbedeutend mit Glück?

6. Muss man ⳗ ⳺ achten?

7. Wie schreibt man «öffnen»?

8. Welche Hieroglyphe muss man einatmen, um zu überleben?

9. Welche Verwandtschaftsbeziehung zeigt die Ente ⳵ an?

10. Ist ⊜𓅓〜 gut oder schlecht?

11. Hast du einen 𓄱?

12. Muss ein Lehrer 𓂝𓃀𓅓𓀀?

13. Warum ist in den Augen der Ägypter 𓎡 ein Ideal?

14. Was bedeutet 𓂋𓂻?

15. Muss man wirklich 𓂋𓀁 lernen?

16. Welche Tätigkeit übt ein Architekt aus, wenn er 𓇋 𓉐?

17. Wie viel ist 𓍢𓍢 𓎆𓎆𓎆 𓏽?

18. Ist der Obelisk auf der Pariser Place de la Concorde 𓂝𓏭, AA, oder 𓈖 𓇋 𓅓, NEDJES?

Ein Schreiber mit seinem Schreibmaterial vor sich
bei der Arbeit. Man kann erkennen, dass sein Pinsel
die Hieroglyphe mit dem leicht geöffneten Mund
berührt, eine feinsinnige Anspielung auf die Macht,
die der Schreiber hat, der etwas formuliert.
Aus dem Grab der Prinzessin Idut in Sakkara.

Hieroglyphenworte

Das Wort ist ein Stock, die Stimme ein Ruder

Die Stille wurde in Ägypten hoch geschätzt, Gerede und Geschwätzigkeit galten als zwei gravierende Charaktermängel. Das gesprochene Wort sollte deshalb sparsam eingesetzt werden. Wort und Stimme sind Werkzeuge; sie werden von zwei wichtigen Hieroglyphen verkörpert. Die erste kennen wir bereits:

MEDU

das Wort

Der Stock, MEDU, erscheint in dem Ausdruck MEDU NETER. Das ist der ägyptische Name für die Hieroglyphen und die heiligen Schriften und bedeutet wörtlich «die Worte (oder Stöcke) Gottes».

Der Stock ist auf den Straßen im Jenseits unentbehrlich: Er dient dem Reisenden dazu, jede Art von Gefahren abzuwenden, und er gibt ihm die Kennworte vor, die ihm sämtliche Türen öffnen.

Die Hieroglyphe für «Stimme» ist ein Ruder:

CHERU

die Stimme

Das Wort wird in dem wichtigen Ausdruck MAA CHERU, «die gerechte Stimme», verwendet. Das ist die Bezeichnung für diejenigen, die vom Totengericht als gerecht anerkannt wurden und damit im Jenseits weiterleben dürfen.

Während der Stock für die Wanderschaft zu Lande bestimmt ist, dient das Ruder bei Fahrten auf dem Wasser. Unsere Stimme, unser Satzbau, unsere Art, uns auszudrücken, sollen uns ermöglichen, unserem Schiff einen genauen Kurs auf dem Fluss des Lebens zu geben.

Ist die Sprache ein Thron oder eine Flamme?

Der Fabeldichter Äsop, der allerlei aus ägyptischer Weisheit übernommen hat, schrieb über die Sprache, sie sei das Beste und zugleich das Schlimmste auf der Welt. Hier ist die Hieroglyphe dafür:

NES

die Sprache

Es handelt sich um eine stilisierte Darstellung der Zunge (im Profil, als Querschnitt).

Der Wortstamm NES dient auch zur Bildung des Wortes NESET, «der Thron». Daran sehen wir, dass die Sprache als Fundament der Herrschaft begriffen wird. Da überrascht es nicht, dass der Boss, der die Befehle erteilt, IMI-R genannt wird, das heißt wörtlich übersetzt «das, was im Mund ist» (die Sprache, der Befehl eben).

Doch bedeutet NES auch «die Flamme», denn mit der

Sprache kann man andere versengen und zerstören; die Ägypter hofften aber, dass sich diese zerstörerische Sprache gegen all jene richtet, die sie in übler Weise benutzen.

Eine wichtige Redewendung

Wie beginnt man ein Kapitel eines ägyptischen Textes? Mit welchen Hieroglyphen leitet der Schreiber die rituelle Szene ein, die er in die Wände des Tempels meißeln will? Mit diesem sehr häufig verwendeten Ausdruck:

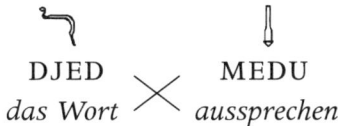

DJED × MEDU
das Wort *aussprechen*

Diesmal hat der Schreiber kein Mitleid mit ungeübten Ägyptologen und stellt uns ein Bein. ⌐ ist nämlich eine Abkürzung, und zwar für ⌐, DJ + ⟨, D = DJED, «sprechen, sagen».
Den Stock | kennen wir inzwischen gut; er wird MEDU gelesen und bedeutet «Wort».
Die Redewendung DJED MEDU übersetzt man am besten mit «das Wort aussprechen», «Wörter, die es auszusprechen gilt» oder schlicht «was zu sagen ist».
Wenn du als Besucher deinen Blick über die Wände der ägyptischen Tempel wandern lässt, wirst du sehr bald auf zahlreiche Beispiele dieser Formulierung stoßen. Wenn der Pharao sich an die Götter wendet oder die Götter sich ihrerseits an den Pharao wenden, benutzen sie zu Beginn ihrer Rede diesen Ausdruck.
Außerdem spielt das Verb DJED, «sagen, sprechen»,

deutlich an auf das gleich lautende Verb DJED, «andauern, standfest sein». Die Worte, die die Götter und der Pharao aussprechen, sind also dauerhaft und garantieren den Bestand des Pharaonenreichs.

Magische Worte

Was die folgende Hieroglyphe darstellt, hättest du wohl nie erraten:

ͻ•○ͼ

TSCHES

Sie zeigt einen Wirbel, einen Knoten und einen Schwalbenschwanz (den die Ägypter beim Bauen benutzten, um die Steine untereinander zu verbinden) und ist das Zeichen für «verbinden, verknüpfen». Und tatsächlich sind ja die Wirbel eine Art Verbindungsteil im Innern des menschlichen Körpers, in einem Gebäude aus Stein erfüllen die Schwalbenschwänze diese Funktion, und in Kleidung und Magie sind es die Knoten.

Aus der Sicht der alten Ägypter hat jeder Knoten etwas Magisches. Ihre Göttin Isis war eine große Zauberin; sie besaß das geheime Wissen um die Knoten und konnte sie knüpfen und lösen. Daher bedeutet die Knotenhieroglyphe ͻ•○ͼ, TSCHES, auch «das Zauberwort», «die Zauberformel», «die verbindende Rede», «der Weisheitsspruch». Wer ein TSCHES ausspricht, verknüpft Elemente miteinander, bringt Getrenntes zusammen und schafft Verbindungen durch die schiere Energie des Wortes. Das magische Wort fügt zusammen, verbindet und vereint.

In Hieroglyphen denken

Wissen oder Nichtwissen, das ist hier die Frage

RECH

wissen

Das Verb «wissen» wird gebildet aus ⟨⟩, R + ⊜, CH = RECH und ist als abstrakter Begriff bestimmt. «Wissen» wird vor allem mündlich weitergegeben (der sprechende Mund, ⟨⟩) und befähigt zur Unterscheidung (mit Hilfe des Siebs ⊜) zwischen dem Wesentlichen und dem Unwesentlichen.

Wenn wir die beiden Konsonanten, die das Wort bilden, vertauschen, erhalten wir:

CHER

fallen

Dieses Verb wird von dem Bild des stürzenden Mannes bestimmt. Der Ignorant, der nichts wissen will, ist eben zum Scheitern verurteilt und fällt.

Denken kann man auf vielerlei Arten

Die geistige Tätigkeit, das Denken, genoss bei den Ägyptern höchstes Ansehen und lässt sich auf verschiedenste Weise durch die Hieroglyphen ausdrücken.

CHEMET

denken

Das Verb setzt sich zusammen aus ⊜, CH + 🐦, M + ⌒, T = CHEMET und wird von dem Determinativ ⫮ als abstrakter Begriff gekennzeichnet.

Nicht von ungefähr heißt auch die Zahl «drei» CHEMET, denn erst mit ihr beginnt das Menschsein – die Eins ist der göttlichen Einheit vorbehalten und die Zwei für das erste Götterpaar Schu (Luft, Licht) und Tefnut (Feuchtigkeit) reserviert.

KA

denken

Auch dieses Verb, das aus ⌒, K + 🐦, A = KA gebildet wird, ist als abstrakter Begriff gekennzeichnet. KA ist auch der ägyptische Name für eine Art Lebensenergie, und das Denken gleicht dieser unvergänglichen Energie, denn wie sie belebt es die tote gegenständliche Welt durch den Geist.

SIA

erahnen, intuitiv denken

Die Hieroglyphe SIA, auch sie ein abstrakter Begriff, stellt einen zusammengelegten Stoff mit Fransen dar. Dieses Stück Stoff symbolisiert das Geheimnisvollste am menschlichen Denken: das Ahnungsvermögen. Durch das Ahnungsvermögen ist es den Menschen möglich, in direkten Kontakt mit dem Heiligen und Göttlichen zu treten, das im Innern des Stoffes verborgen zu sein scheint. Über das größte Ahnungsvermögen verfügt der Pharao; er lässt alle seine Verordnungen mit der Hieroglyphe SIA kennzeichnen, weil sie ihm von den Göttern eingegeben wurden.

Die beiden Zeichen, der Mund und das Sieb, bilden das Verb RECH, «wissen».
Aus dem Grab des Mereruka in Sakkara.

Der Falke Horus, Beschützer des Pharaos, trägt die doppelte Krone. Unter allen Hieroglyphen ist er die schönste Verkörperung des göttlichen Blicks. Aus Karnak.

Von der Erschaffung der Welt

Das göttliche Auge

IR

erschaffen, machen

Dieses Auge ist kein Menschenauge, sondern das Auge des Himmelsgottes Horus, des Herrschers über Ägypten. Jeder Pharao ist eine Inkarnation dieses Gottes und nennt sich «Horus». Die gesamte Schöpfung ist das Werk dieses Gottes oder seines Vertreters auf Erden – des Pharaos. Deshalb symbolisiert das Auge des Horus «machen, erschaffen».

Nicht nur über die Ohren, sondern auch über die Augen erlangen wir Wissen und Herrschaft über die Welt. In der Vorstellung der Ägypter brauchen wir die Augen nicht nur, um unser Leben zu meistern, sondern auch, um unseren Weg ins Jenseits zu finden, deshalb durften die Augen einer Mumie nicht geschlossen werden.

Darüber hinaus wird jede Opfergabe «Horusauge» genannt, ganz gleich, ob es sich um Milch, Brot, Wein oder andere Speisen handelt. Man muss also den Göttern Opfergaben bringen, wenn man Göttliches schauen oder in seinem Leben bedeutende Dinge erschaffen will.

SEDJEM, «hören» – symbolisiert durch das Ohr der heiligen Kuh der Göttin Hathor, der Königin der Sterne –, und IR, «erschaffen» – symbolisiert durch das scharfe und unbestechliche Falkenauge des Himmelsgottes Horus –, gehören so untrennbar zusammen wie Hathor und Horus selbst, deren Hochzeit die Ägypter mit einem großartigen Fest feierten, bei dem die Priester und Priesterinnen der Tempel von Dendera und Edfu zusammenkamen.

Der töpfernde Schöpfer

Betrachten wir einmal diesen einfachen kleinen Topf:

$$\text{𓎼}$$

CHENEM

Mit diesem unauffälligen Gegenstand wird der Name des schafsköpfigen Gottes Chnum geschrieben. Eine seiner Hauptaufgaben besteht darin, auf seiner Töpferscheibe aus Ton Lebewesen und allerlei unentbehrliche Gegenstände des Alltags zu formen. Auch der kleine Topf, den die Hieroglyphe zeigt, ist ein Werk des göttlichen Töpfermeisters; er wird CHENEM gelesen und bedeutet «verbinden, vereinen, schützen, machen, formen, erschaffen». Der töpfernde Gott Chnum verkörpert die friedliche Vorstellung eines Schöpfers, der fleißig und mit Bedacht an seinem Werk arbeitet.

Ewige Wahrheiten

Vom Guten und Schönen

Die Hieroglyphe ♄, die das Herz und die Luftröhre darstellt, wird NEFER gelesen und bedeutet «schön, gut,
vollkommen, vollendet». Wir sind ihr schon in der Bedeutung «gut» als Gegenstück zu «böse» begegnet
und in dem Ausdruck «das gute Wesen», einer Bezeichnung für den Gott Osiris, der als vollkommen angesehen wird, weil er vom Tode auferstanden ist.

Was sehen die Ägypter als schön und gut an? Die folgende Hieroglyphenliste gibt darüber Auskunft:

♄	NEFER	das helle Sonnenlicht
♄	NEFERET	die Kuh (das heilige Tier der Göttin Hathor)
♄	NEFER	das Kleidungsstück Gottes (⊤ symbolisiert den Stoff)
♄	NEFER	das Getreide (ist ein Topf, aus dem Korn fällt)
♄	NEFER	der Wein, das Bier

𓄤𓈖	NEFER	der Friedhof (wo die Häuser für die Ewigkeit stehen)
𓄤𓉻	NEFER	das Königsgrab (oder das Grab eines Gottes)
𓄤𓀠	NEFER	der schöne junge Mann (= der künftige Rekrut des Heeres)
𓄤𓂝𓆑	NEFERET	die weiße Krone (des Pharaos)

Die Schönheit im Auge behalten

AN

schön sein

Das Wort setzt sich zusammen aus ⌐, A + 〰, N = AN und wird bestimmt durch das Determinativ des geschminkten Auges.

Um Schönheit und Charme auszudrücken, konnten die Ägypter sich nichts Besseres vorstellen als ein Auge, das durch Schminke vorteilhaft betont wird. Das geschminkte Auge steht darüber hinaus mit der Kunst des Schreibens in Verbindung, denn Seschat, die Schutzherrin der Schminkmeisterinnen, ist auch die Göttin der Schreibkunst. Daher kommt es, dass das Schreibgerät den Namen ANI, «der Charmeur», trägt. AN ist auch einer der Namen des Dechsels, des Tischlerwerkzeugs, mit dem der Priester beim Totenkult die Augen und den Mund der Mumie öffnet und ihr dadurch eine überirdische Schönheit verleiht.

Das Streben nach Maat

Was ist das Ziel jeden Unterrichts in Ägypten? Worauf gründet sich die pharaonische Kultur? Wonach streben die Gelehrten? Nach dieser Straußenfeder:

ƥ

MAAT
Gerechtigkeit, Wahrheit, Ordnung,
die gerechte und wahrhaftige Weltordnung

Diese eine Hieroglyphe steht schon für das ganze Wort MAAT; eine andere Schreibweise des gleichen Wortes ist:

MA + A + T = MAAT

Die Feder spielt eine wichtige symbolische Rolle beim Totengericht. Dort wird, vor den Augen des Osiris, das Herz des Verstorbenen gewogen und ein Urteil über ihn gefällt. Dazu legt man das Herz in die eine Waagschale und die Feder von Maat in die andere. Nur wenn das Herz so leicht wie die Feder von Maat ist, wird der Verstorbene für «gerecht» erachtet und erlangt Unsterblichkeit.

Maat ist die ewige Weltordnung selbst. Sie gab es lange vor den Menschen, und sie wird auch nach deren Untergang weiterherrschen. Maat symbolisiert die Gerechtigkeit, die Wahrheit, die richtige Weltordnung, das Steuerruder, das dem Schiff des Lebens die Richtung gibt und die Elle als das Maß aller Dinge; das Verb MAA bedeutet «führen, lenken, die Messschnur spannen», aber auch «Opfer bringen», denn die Opfergabe schützt vor Unglück und Chaos und sichert so die Ordnung der Welt. Schreiben kann man Maat aber auch mit ▭, das ist das Bild eines Sockels, auf dem Statuen stehen und der Ausgewogenheit und Gleichgewicht verkörpert.

Das Gegenteil von Maat ist:

ISEFET
Unordnung, Chaos, Unglück, Ungerechtigkeit, Lüge

Das Wort ISEFET wird durch den «Vogel des Bösen» bestimmt und steht für alles Schlechte in der ägyptischen Kultur. Die wichtigste Aufgabe des Pharaos ist es, ISEFET zu beseitigen und an dessen Stelle Maat – die gerechte und wahrhaftige Weltordnung – zu errichten. Maat ist der zentrale Wert im Leben und Denken der Ägypter. In ihrer Vorstellung hängen das Glück des ganzen Volkes und das Glück jedes Einzelnen vom Tun der Maat, also vom gerechten und korrekten Handeln, ab. Vor dem Totengericht wird dem Verstorbenen nur eine einzige, entscheidende Frage gestellt: «Hast du zu Lebzeiten Maat geachtet und getan?»

Über dem Eingangstor dieses
Tempels des Mondgottes Chons
in Karnak, zwischen den beiden
Türmen des Pylons, erschien die
siegreiche Sonne nach bestande-
nem Kampf mit der Finsternis.

Auf den Grabsäulen (Stelen) wird oft, wie hier, die Anbe-
tung einer Gottheit in Zusammenhang mit Opfergaben
und einem Hieroglyphentext gebracht. Die Speisen auf
dem Opfertisch, zwischen der Anbetenden und dem
Sonnengott, werden stets erneuert. Aus dem Ägyptischen
Museum in Kairo.

In der Gesellschaft der Götter

Ägypten hatte viele Gottheiten. Mit der Vorstellung von Heiligkeit eng verbunden ist dieser Begriff:

DJESER
heilig, prächtig, großartig

Der Arm allein, der ein Zepter hält, entspricht den drei Buchstaben: ⟍, DJ + ⎮, S + ⬤, R = DJESER. Djeser bzw. Djoser, wie die Deutschen sagen, ist der Name des berühmten Pharaos, der mit seinem Architekten Imhotep die Stufenpyramide von Sakkara – die allererste Pyramide überhaupt – erbaute. Das gleich lautende Wort DJESER bedeutet auch «fern halten, isolieren», denn die Welt des Heiligen muss vom Profanen fern gehalten werden.
Und so schreibt man Gott in Hieroglyphen:

NETER
Gott

Das ist ein Fahnenmast, an dessen oberem Ende ein Stück Stoff flattert. Dieser Fahnenmast wurde an der

Fassade der Tempel befestigt. So sah man schon von weitem das göttliche Banner im Winde wehen, das auf das Heiligtum verwies. Das Wort ist gleich lautend mit NETER, «Natron», dem Salz, das den Körper bei der Mumifizierung für die Ewigkeit konserviert, ihn somit «göttlich» (weil unsterblich) macht; das weibliche Wort NETERET ist das «göttliche Auge».

In den Hieroglyphen begegnet man häufig der männlichen Gottheit in Form von 𓀭, einer Figur mit einer Perücke und einem falschen Bart, die ruhig dasitzt; die weibliche Gottheit verkörpert eine ebenso ruhig sitzende Frauengestalt, 𓁐.

Atum, die allererste Gottheit, die aus dem Urwasser NUN hervorging, wird durch den Schlitten 𓍿 verkörpert, auf dem die Steine zum Bau der heiligen Pyramiden und Tempel transportiert wurden. Der Name Atum bedeutet zugleich «sein» und «nicht sein»; er umfasst demnach alle Formen des Lebens.

Hieroglyphen für die Namen einiger großer Gottheiten			
𓂋𓏤	R + A	RA	Re
𓇋𓏠𓈖	I + M + N (𓏠 entspricht dabei MN)	IMEN	Amun
𓅃	H + R (𓁷 entspricht dabei HR)	HER	Horus
𓊪𓏏𓎛	P + T + H	PTAH	Ptah
𓇋𓈖𓊪	I + N + P	INEP	Anubis

Bei den Namen Osiris und Isis sind Lesart und Erklärung nicht unproblematisch:

ﾠ liest man als USIR, daher OSIRIS («der Sitz des Auges»?);

ﾠ liest man als ASET, daher ISIS, «der Thron, der Sitz».

Und welche Haltung sollte man gegenüber den Göttern einnehmen?

DUA
anbeten, verehren

Diese zwei Verben kann man auch mit dem Stern ✳ schreiben.

Die Götter mögen uns vom Bösen erlösen

🐦 ist ein Spatz oder ein ähnlicher kleiner Vogel, der laut schimpft, hektisch umherflattert, Ernten zerstört und sich bis in alle Ewigkeit fortpflanzt. Er ist das Determinativ für alles, was schlecht, klein und schwach ist. Deshalb wird er «der Vogel des Bösen» genannt.
Dem Wort ISEFET, das das Böse an sich im Gegensatz zu Maat bezeichnet, sind wir schon begegnet. Hier sind zwei weitere geläufige Ausdrücke:

BIN
das Böse

DJU

das Böse

, der Berg, die Wüste, entspricht den zwei Lauten DJ + U; beide galten den Ägyptern als gefährliche Gegenden, weil sie glaubten, dass sich dort die Geschöpfe Seths, des Gottes der Unordnung, herumtreiben.

IU

die Missetat, das Böse

Die erste Hieroglyphe zeigt ein liegendes, regloses Kalb und entspricht den zwei Lauten I + U. Das gleich lautende Verb IU heißt «ohne Barke sein»; bei den Ägyptern bedeutete das Unglück und Armut, denn ohne Barke konnte man weder von einem Ufer des Nils zum anderen gelangen noch den Fluss im Jenseits befahren.

Ein anderes Lebewesen, das das Böse verkörpert, ist die Riesenschlange, der man im Tal der Könige begegnet. Sie versucht den Nil leer zu trinken, damit die Sonnenbarke nachts nicht vorankommt und die Sonne nicht wieder aufgehen kann.[1] Um der bösen Riesenschlange das Handwerk zu legen, nagelt die Besatzung der Barke sie mit Hilfe von magischen Formeln am Erd-

---

1 In der Vorstellung der Ägypter fuhr die Sonne jede Nacht mit ihrer Barke (das ist ein Schiff) durch die Unterwelt, wo sie die Mächte der Finsternis besiegen musste, um am Morgen wieder im Osten aufgehen zu können und ihre tägliche Reise über den Himmel anzutreten.

boden fest. Diese Schlange, die sich im Mittelalter in unseren Drachen verwandelte, heißt:

APEP

Bekannter ist sie unter dem Namen Apophis. Sie trägt auch den Namen:

NIK

Das Böse, das es zu bekämpfen gilt, hat noch andere Gesichter:

AD

die Aggressivität

Das Wort wird durch das Krokodil bestimmt, das als besonders gefährliches und angriffslustiges Tier bekannt ist. Das gleich lautende Verb AD bedeutet «zittern, erschauern», denn die Aggressivität bringt uns um die Ruhe und den inneren Frieden. Und wie drückten die Ägypter «wütend sein» aus? Mit dem Wort FE-NEDJ, das wörtlich übersetzt «(jemanden) in der Nase haben» bedeutet!

SENEDJ

die Angst

Die Angst wird durch die gerupfte und bratfertig zubereitete Gans verkörpert. Ein sehr treffendes Bild, denn die Angst gibt uns das Gefühl, anderen nackt und schutzlos ausgeliefert zu sein.

Aber das schlimmste aller Übel ist Habsucht und Neid
oder, wie die Ägypter es ausdrückten:

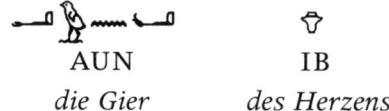

AUN	IB
die Gier	*des Herzens*

Davor warnen die Weisen uns mit den Worten:
*Habsucht ist eine schlimme, unheilbare Krankheit ... die
Habsucht birgt alle Arten von Übeln; sie ist ein Sack, der
alles Hassenswerte enthält. Der Habsüchtige erhält keine
Grabstätte.*
Wer kann uns von all den Übeln befreien? Die Götter,
allen voran die wohlwollende Isis! Hier ist ein Gebet,
das an sie gerichtet war :

ASET	SEFECH	UI	M	BIN
Isis	*befreie*	*mich*	*vom*	*Bösen*

Zu Hause und bei Tisch

Ein gutes Haus in einer guten Stadt

Wo wohnten die Ägypter? Hier:

⊏⊐

PER

das Haus

Die Hieroglyphe stellt einen klar umgrenzten, also geschützten Raum mit einer Toröffnung dar; es dürfte sich wohl eher um ein ganzes Anwesen als nur um ein einfaches Haus handeln. Die Ägypter hatten auch Landsitze, doch wahrscheinlicher ist es, dass dieses Haus sich hier befand:

NIUT

Stadt, Siedlung

Wirklich eine seltsame Hieroglyphe, denn die ägyptischen Städte waren gar nicht kreisförmig um eine große Kreuzung herum angelegt. Das Kreuz im Kreis stellt vielmehr die symbolische Gliederung eines Raumes dar, ist also ein abstraktes Zeichen für die Stadt, die ja auch ein gegliederter, das heißt von Menschen angelegter und strukturierter Raum ist.

Lasst uns essen und trinken

Hier haben wir drei Möglichkeiten, Nahrung zu uns zu nehmen:

UNEM

essen

Die Zeichen ⚓, ⚓ und 🐇 entsprechen jeweils den zwei Lauten U + N, gefolgt von 🦉, M, und bestimmt durch den Mann, der die Hand zum Mund führt. Was besagen diese unterschiedlichen Schreibweisen? Wir wissen schon, dass die Blume ⚓ und der Hase 🐇 das Verb «leben» symbolisieren; sie weisen uns also darauf hin, dass durch das Essen die Lebensenergie KA genährt wird. Der Hase, dessen Gefräßigkeit bekannt war, ist zudem eine Anspielung auf Osiris, den Gott der sterbenden und wieder auflebenden Vegetation, der fruchtbaren Erde und des Korns, aus dem der Weizen wächst. Hingegen ist die Bedeutung dieses Gegenstandes ⚓, ein Pflock mit zwei Querstäben in Form eines Kreuzes, immer noch rätselhaft. Wir können nur hoffen, dass ein Hieroglyphenforscher eines Tages das Geheimnis dieses Zeichens klären kann.

Das gleich lautende Wort UNEM bezeichnet auch «die Flamme», die alles verzehrt, woran sie leckt.

Kommen wir zu einer ebenso lebenswichtigen Tätigkeit – dem Trinken:

SUR

trinken

Das Wort schreibt man mit ⏤, S, und der Schwalbe 🐦, die für die zwei Laute U + R steht; das Extra-R ⏥ hat man nur der besseren Lesbarkeit wegen hinzugefügt. Wie zu erwarten, hat das Wort das Determinativ des Mannes, der die Hand zum Mund führt.
UNEM, «essen», und SUR, «trinken» – doch was aßen und tranken die alten Ägypter eigentlich? Die damalige Ernährung war reichhaltig und abwechslungsreich, nicht mit der heutiger Ägypter vergleichbar. Sie bestand aus Fleisch und Fisch (eine Menge der im Nil damals lebenden Speisefische gibt es heute nicht mehr), Gemüsen, Früchten, Gebäck, edlen Weinen, Tischweinen, Bier . . . Die Liste der köstlichen Gerichte wäre sehr lang.
Um die Gesamtheit der festen und flüssigen Speisen zu symbolisieren, bedienten sich die Schreiber eines Ausdrucks, der sich häufig in den Texten findet:

⚱	🍺
T	HENKET
Brot	*Bier* = Lebensmittel

⚱ ist ein Brot, das in einer Backform aufgeht; man liest es als T. 🍺 ist ein Krug mit Bier; ihn liest man HENKET. Hochwertiges Brot, insbesondere Dinkelbrot, und Bier, das nahrhaft und verdauungsfördernd zugleich ist, waren die Grundnahrungsmittel im alten Ägypten. Es erstaunt also nicht, dass das Brot-Bier T-HENKET dazu verwendet wird, die Lebensmittel allgemein zu symbolisieren.

Die Hieroglyphengruppe Brot-Bier findet man häufig auf den Mauern der Grabstätten in folgendem Ausdruck:

was durch die Stimme entsteht = die Opfergabe

Die Einfriedung ⊏⊐ liest man PERET; es bedeutet hier «was entsteht». Das Ruder ⌇ liest man CHERU, und es bedeutet «Stimme». Der Ausdruck PERET-CHERU wird übersetzt mit «was durch die Stimme entsteht» und ist eine Bezeichnung für Opfergaben. Aber was haben die mit der Stimme zu tun? Unter dieser «Stimme» verstehen die Ägypter die Beschwörungsformeln und Gebete, mit denen sie gute Ernten erbitten, damit alle genug Brot-Bier haben und keiner Hunger oder Durst leiden muss. Im Glauben der alten Ägypter wachsen Getreide, Gemüse und Obst nur, weil der Pharao und seine Priester mit ihren mächtigen Stimmen die Götter beschwören und ihnen Opfergaben darbringen.

Bei Festen und Gelagen tranken die Ägypter aber nicht immer Bier, sondern gerne auch:

IREP

Wein

Die Prozession der Träger von Opfergaben gibt einen
Eindruck von den Reichtümern des alten Ägypten;
die Hieroglyphen darüber erläutern die Szene mit
den Worten «alle guten Sachen werden herbei-
gebracht». Aus dem Grab des Mereruka in Sakkara.

Ägypten besaß zur Zeit der Pharaonen eine hohe
Weinbaukultur; die edlen Weine aus dem Nildelta
und den Oasen hatten einen sehr guten Ruf. Häufig
sind in den Gräbern Szenen aus der Weinlese dargestellt; sehr beliebt war auch die Siesta unter Weinlaub,
mit dick herabhängenden Trauben. Als die Araber
Ägypten eroberten, vernichteten sie die Weinstöcke,
denn der Islam verbietet den Genuss von Alkohol.

Die heutigen Touristen müssen sich mit einem alkohol-
freien Getränk begnügen, das nach dem arabischen
Dichter Omar al Khayam benannt wurde; der selbst
war ein großer Weinliebhaber und hat eine so grau-
same Nachwelt wirklich nicht verdient.

Zum Wohl!

Haben auch die Ägypter einander beim Trinken schon
zugeprostet und miteinander angestoßen? Wenn ja,
dann mit diesem Spruch:

N   KA   K

zum   Ka   dein

Mit anderen Worten: «Für deinen Ka!», «Auf deine Lebensenergie!»

Hygienevorschriften

Zur Zeit der Pharaonen war man in Ägypten stets auf
Hygiene und Sauberkeit bedacht. Derartige Sorgfalt
drückt sich sogar im Namen für die Küche aus:

UABET

Das Wort UABET bedeutet wörtlich «der saubere Ort»,
an den nur einwandfreie, reine Speisen gelangen dürfen. Dasselbe Wort UABET bezeichnet auch den
Raum, in dem die Mumifizierung stattfindet; weil
man dort den Körper für die Ewigkeit präpariert,
muss jede Verunreinigung von ihm fern gehalten werden. UABET kann aber auch das Grab bedeuten, weil

auch dieses in der Vorstellung der Ägypter ein reiner Ort ist, an dem es nichts Böses gibt.

UAB heißt «das Opfermahl»; es wird durch die Riten angemessen rein gehalten.

𝄐 ⚱ oder ⚱, UAB, «der Reine», ist eine Bezeichnung für die Priester, denn ein jeder Priester musste sich einer Waschung unterziehen, bevor er den Tempel betreten und den Gottesdienst beginnen durfte.

Ein anderes Mittel der Reinigung ist die Flamme; in der Küche dient sie zum Kochen der Speisen. Unter den vielen Hieroglyphen hierfür halten wir nur diese fest:

𝄐

NESER

die Flamme

Man erkennt deutlich (von oben gesehen) drei Steine um eine Feuerstelle, aus der eine Flamme züngelt.

Drei Mahlzeiten pro Tag

IAU	R
die Säuberung	*des Mundes* = das Frühstück

Das Wort besteht aus 𝄐, I + ▭, A + ⚱, U = IAU, mit dem Zeichen für Wasser dahinter und ⬭, R, dem Zeichen für den Mund. Dieser etwas seltsame Ausdruck erklärt sich dadurch, dass man das Frühstück mit einer rituellen Säuberung und Waschung begann, wohl um sicherzustellen, dass der Mund durch das Essen nicht verunreinigt wird.

SETI   R

der gute Geschmack   *des Mundes* = das Mittagessen

Das Wort setzt sich zusammen aus ∥, S + ⌒, T + ⟍⟍, I = SETI; das Determinativ ☉ zeigt an, dass es in die Kategorie der Gerüche und Düfte gehört. Man kann die Hieroglyphe allerdings nicht ganz sicher deuten; die einen sprechen von einem Duftkissen, die anderen von einer Pustel. SETI bedeutet «das Parfum», «der gute Geruch», «der gute Geschmack»; am Ende des Ausdrucks steht ⇐⇒, R, «der Mund».

Die alten Ägypter legten also beim Mittagessen großen Wert auf die Qualität der Gerichte, weil sie deren guten Nachgeschmack möglichst lange im Mund behalten wollten.

MESCHERUT

das vom Abend = das Abendessen

Das Wort setzt sich zusammen aus 𐦀, M + ▭, SCH + 𐦀, RU + ⌒, T = MESCHERUT, gefolgt von 𐦀, das einen Zeitpunkt des Tages bezeichnet. Man kann den Ausdruck auch verstehen als «was einem mit Hilfe (M) der Nase (SCHERET) gefällt», denn auch das Abendessen soll angenehme Düfte verbreiten.

Der nährende Schlaf

Nach einem guten Abendessen sollte man ruhen, am besten an diesem bequemen Ort:

ATJUT

das Bett

Das Wort setzt sich zusammen aus 𓄿, A + ꜣ, TJ + 𓅱, U + 𓏏, T = ATJUT und wird bestimmt von dem Zweig 𓆱, der darauf hinweist, dass es sich um einen Gegenstand aus Holz handelt.

Mit dem Wortstamm ATJI schrieben die Ägypter auch das Wort «Amme». Daraus können wir schließen, dass sie sich in ihren Betten beim Schlafen so satt und wohl fühlten wie ein Säugling an der Brust seiner Amme.

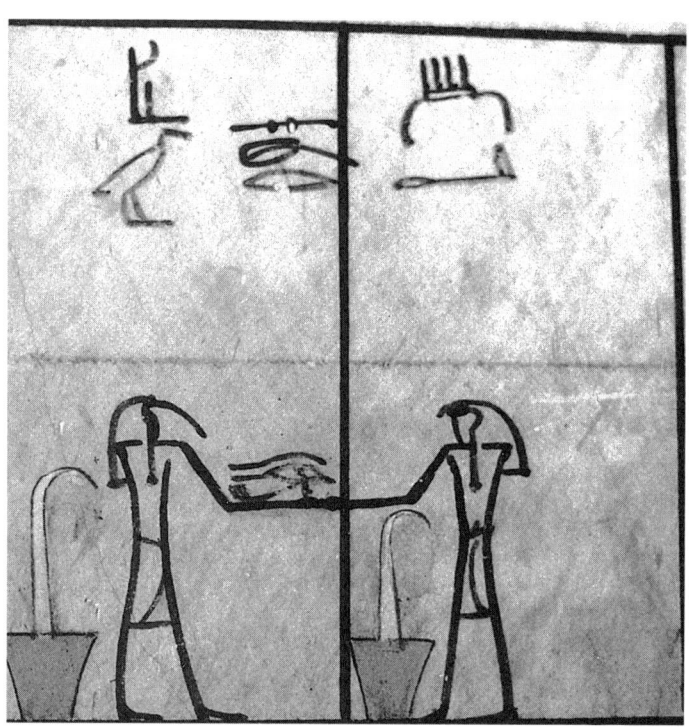

Horus und Thot zeigen das geheilte Udjat-Auge,
das das Symbol für die Ganzheit, für die vollkommene Schöpfung und die Gesundheit ist.

Aus dem Grabmal von Thutmosis III. im Tal der Könige.

Von der Gesundheit

So teuer wie der Augapfel

SENEB

die Gesundheit

Das Wort besteht aus ⌡, S + ﹏, N + ⌡, B und hat das Determinativ für abstrakte Begriffe. Ein anderes Wort drückt etwas Ähnliches aus:

UDJA

Es hat das gleiche Determinativ und setzt sich zusammen aus ⌡, U + ⌐, DJ + ⌐, A.
Der Stamm UDJA bedeutet auch «gehen, sich bewegen, langsam vorwärts schreiten», also gut gehen. Ist es nicht ein Zeichen von Gesundheit, wenn man sich bewegen kann und es einem gut geht? UDJAT ist das geheilte Auge des Gottes Horus, welches wir auf vielen Schutzamuletten finden, die sowohl bei den alten Ägyptern wie bei den heutigen Touristen heiß begehrt sind. Das Volk des Pharaos behielt also die Gesundheit im Auge; sie war den Ägyptern so teuer wie ihr Augapfel.

Die unerschöpfliche Energie des Wassers

Was wären unser Leben und unsere Gesundheit ohne das Wasser?

MU

das Wasser

Der Stamm MU kommt auch in anderen Wörtern im Zusammenhang mit Flüssigem vor, zum Beispiel in «Urin» oder in «Speichel» (wörtlich «das Wasser des Mundes»).

Woher nun stammt das Wasser, das die Ägypter als lebenswichtigen Energiequell ansahen? Aus einem unerschöpflichen Reservoir, einer Art Urmeer, das alle Lebensformen enthält. Die Ägypter nannten es

NUN

Die drei kleinen Töpfe entsprechen der Silbe N + U + N = NUN; die drei übereinander liegenden Wellenzeichen am Ende verweisen auf die flüssige und energiereiche Beschaffenheit.

Dem ägyptischen Schöpfungsmythos zufolge entstand als Erstes der Urgott Atum aus dem Urmeer NUN. Indem er Luft ausatmete und Speichel ausspie, schuf er das Götterpaar Schu (Luft) und Tefnut (Feuchtigkeit), das seinerseits den Erdgott Geb und die Himmelsgöttin Nut hervorbrachte.

Aus den Texten der ägyptischen Philosophen geht hervor, dass NUN unerschöpflich ist. NUN gleicht einer grenzenlosen Unendlichkeit, die kleine Inseln wie zum Beispiel die Erde hervorbringt, die aber irgendwann wieder in diese Urmaterie zurückkehren. Auch jede Form von Wasserenergie, ob es sich um den Nil oder das Quellwasser handelt, entstammt diesem Meer und wird, wie auch wir, eines Tages wieder dahin zurückfließen.

Eine haarige Angelegenheit

Die Hieroglyphe ⟊ stellt eine gelockte Haarsträhne dar. Sie besteht aus den zwei Lauten SCH + N = SCHEN. Dieses Wort SCHEN bedeutet ganz gewiss «Haartracht», «Frisur». Aber für dieselbe Strähne gibt es auch zwei andere Lesarten:

⟊

INEM

die Haut

⟊

IUN

die Farbe

Haarfarbe und Hautfarbe zählen zu den auffälligsten äußerlichen Merkmalen eines Menschen – vielleicht gehören diese Begriffe deshalb für die Ägypter so eng zusammen. Außerdem zeigen sich Gesundheit und Wohlbefinden in einem frischen Teint und kräftigen glänzenden Haaren – um mit den Hieroglyphen zu sprechen, sollte man also «auf seine Frisur achten»! Daneben steht die Haarsträhne auch für den Begriff «Trauer»; die Klageweiber lösten nämlich bei Beerdigungen ihre Haare und ließen sie als Zeichen der Trauer lose hängen.

Beim Arzt

Obwohl die Ägypter ihre Gesundheit im Auge hatten, wurden sie ab und an krank und mussten einen Arzt aufsuchen:

SUNU

der Arzt

Er wird verkörpert durch den Pfeil —◂, der auf das Ziel hinweist, also auf die genaue Diagnose, und den Topf ○, der die Medikamente enthält. Der Wortstamm SUN bedeutet auch «Krankheit, Schmerzen»; der Arzt ist also derjenige, der mittels Diagnose und Medikamenten die Schmerzen bekämpft und die Kranken heilt.

Der Arzt muss äußerst schnell und präzise arbeiten, und deshalb ist die flinke und gewitzte Antilope das Vorbild der ägyptischen Mediziner. An sie sollte man sich wenden, um ein Rezept zu erhalten:

SCHESA

geschickt, gelehrt sein,
die ärztliche Verordnung

Und was verordnet der Arzt dem Kranken?

PECHERET

Heilmittel, Arzneitrank, Medikament

Die Hieroglyphe stellt die Eingeweide dar; der Stamm PECHER bedeutet «zirkulieren», ergänzt wird er durch das weibliche T. Das vom Arzt verabreichte Medikament soll also im ganzen Körper zirkulieren (verkürzt symbolisiert durch den Kreislauf der Eingeweide), um seine volle Heilwirkung zu entfalten.

Wusstest du, dass das Wort «Apotheker» aus dem Altägyptischen kommt und wörtlich «Bereiter magischer Heilmittel» bedeutet? In den Apotheken finden sich also die wahren Zauberer!

Übung 4

1. Mit welcher Hieroglyphe wird die Stimme symbolisiert?

2. Kannst du  lesen und übersetzen?

3. Sollte man lieber  oder ?

4. Welche Hieroglyphe schreibt man für «das Schöne, das Gute»?

5. Welche Hieroglyphen schreibt man für Wahrheit, Gerechtigkeit, Harmonie, Rechtschaffenheit, Weltordnung?

6. Im Angesicht der Pyramiden sagt der Pilger nur ein einziges Wort: . Warum?

7. Wenn uns etwas begegnet, das 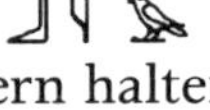 ist, sollen wir uns ihm nähern oder uns fern halten?

8. Soll man jemand, der  ist, misstrauen?

9. In welchem Zustand befindet man sich, wenn man 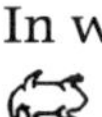 ist?

10. Warum sagt man, dass ▭𓅓▭▭▭▭𓄿 verhängnis-voll ist?

11. Ist es besser, in einem ▭ oder in einer ⊗ zu woh-nen?

12. Sollte man lieber 𓏤𓄿𓀭 oder 𓅓𓀭?

13. Wenn man dir 𓇌▭𓎛 anbietet, solltest du das An-gebot annehmen?

14. Was geschieht, wenn du 𓂆 zu nahe kommst?

15. Wenn man dich zu einem 𓏺𓂝𓍯▭ einlädt, solltest du die Einladung annehmen?

16. Wenn dir jemand sein 𓅓▭𓅓𓂝 anbietet, nimmst du das Angebot an?

17. Warum sind so viele Menschen der Ansicht, dass 𓏺𓏏𓏸 das kostbarste Gut ist?

18. Ist ▭▭▭ lebenswichtig?

19. Durch welche Hieroglyphe werden Haare, Haut und Farbe miteinander verbunden?

20. Wenn du einen 𓏤 ᵒ 𓀭 triffst, was solltest du ihm sagen?

21. Schluckst du gerne 𓏏▭ ?

Rituelle Schlachtung des Ochsen und
Abschneiden des Vorderbeins, das
zugleich die Hieroglyphe für «Stärke»
ist. Aus dem Grab des Mereruka in Sakkara.

Ein Arbeitstag

Mit dem richtigen Bein aufstehen

Wenn wir uns aufrecht hinstellen, ⅃, schön gerade und fest, die Arme recken, ⅄, und die aufgehende Sonne ⊙ anschauen, kommen wir zu dem Wort:

$$⅃⅄⊙$$

BEKA

der Morgen

Es wird aus ⅃, B + ⅄, KA = BEKA gebildet und kann als «der Ort der Energie» übersetzt werden.

Im Körper war die Wirbelsäule für die Ägypter der Ort der Energie. Hier zirkulierte in ihrer Vorstellung eine Energie, die mit dem Licht vergleichbar ist, das durch alle Räume dringt. Nicht von ungefähr haben «der Rücken» und «das Licht» den gleichen Wortstamm PESEDJ.

Wenn wir mit dem richtigen Bein aufstehen und unsere Energie gut in unserem Körper zirkuliert, dann haben wir einen klaren Kopf und treffen vernünftige Entscheidungen:

TEP ✕ NEFER
guter ✕ *Kopf*

Der Ausdruck TEP NEFER bedeutet auch «die gute Handlungsweise».

Wer außerdem Autorität besitzt und anderen befehlen kann, was sie zu tun haben, der ist:

HER   TEP

derjenige, der vorherrscht   und der befiehlt

Wenn man jedoch unverzüglich selbst handelt, wird das so ausgedrückt:

HER   AUI

Gesicht   zwei Arme = unmittelbar

Die ägyptische Vorstellung von Unmittelbarkeit ist also, dass der Kopf einen Befehl sofort an die Arme weiterleitet, die dann umgehend handeln.

Morgens braucht man eine Leiter

Alles hört einmal auf, auch der tiefste und erholsamste Schlaf, und dann muss man aufstehen. Die Hieroglyphensprache kennt hierfür einen viel sagenden Ausdruck:

AHA

aufstehen, sich hinstellen, stehen

Die Hieroglyphe ♯ entspricht den drei Lauten A + H + A = AHA und stellt einen Schiffsmast dar, um den eine Strickleiter gewickelt ist; die laufenden Beine Λ als Determinativ zeigen an, dass das Wort in die Kategorie Bewegung gehört. Stehen ist also bei den Ägyptern keine starre und reglose Angelegenheit, sondern gleicht der Bewegung von Mast und Strickleiter eines Schiffes, die zwar fest und solide verankert sind, aber dennoch genug nachgeben, um Windstöße und das Schwanken des Schiffes auszugleichen.

Das gleich lautende Wort AHA bezeichnet die richtige Stellung der Dinge oder die angemessene Aufstellung derer, die bei einem Ritual zugegen sind. Es bezeichnet auch eine zielgerichtete Bewegung, die zum festen Stand führt.

Dann gibt es noch das davon abgeleitete Wort AHAU, das durch die Sonne bestimmt wird und «die Lebenszeit» bedeutet. Unser Dasein ist der Zeitraum, in dem wir aufrecht und gerade wie ein Schiffsmast sind und an der Strickleiter hochzuklettern vermögen ... um in die Ferne zu sehen.

Gruß zur Sonne

Die erste andächtige Handlung des Ägypters war die Begrüßung der aufgehenden Sonne, die als ein täglich neues Wunder und als Inkarnation des Sonnengottes Re oder Atum angesehen wurde. Um nämlich morgens am östlichen Horizont zu erscheinen, musste die Sonne in ihrer nächtlichen Fahrt durch die Unterwelt den Gefahren der Finsternis widerstehen und die feindlichen Dämonen der Nacht besiegen.

Ein Gebet zur Sonne sollte man unbedingt kennen lernen. Hier ist eine vereinfachte Fassung aus einem Text, den der berühmte Pharao Echnaton selbst verfasst hat:

CHA   K   NEFER   M ACHET ITEN ANCH

Erscheinung von dir in Vollkommenheit am Horizont Aton lebend

«Vollkommener Aton, bei lebendigem Leibe erscheinst du am Horizont.»

◠ ist ein Hügel, über dem der leuchtende Rand der aufgehenden Sonne erscheint. CHA bedeutet «wie die Sonne erscheinen» und wird für den Pharao verwendet, wenn er sich auf seinem Thron zeigt.

◡, K, ist die zweite Person Singular des Personalpronomens, «du».

In Hieroglyphen kann man «du erscheinst» nicht sagen, denn man setzt das Verb vor das Pronomen. Man schreibt also «Erscheinung von dir», was wir geläufiger als «du erscheinst» übersetzen.

SEHEDJ   K   TA NEB   M   NEFER   K

Erleuchtung von dir Erde jede durch Schönheit von dir

«Du erleuchtest die ganze Erde mit deiner Schönheit.» Das Wort Erleuchtung, ⎡⎤ ☉, wird mit ⎡, S, und der Keule ⎢, HEDJ, gebildet (SEHEDJ = «erleuchten») und durch die Sonne bestimmt. Mit der Keule HEDJ, «die Weiße, die Erhellende», weiht der Pharao die Opfergaben und erschlägt den Feind, der aus dem Dunkel auftaucht. So erhellt und vertreibt er die Nacht.

Vernünftige Kleidung?

Gab es im alten Ägypten bereits Moden? Zur Zeit der großen Pyramiden im Alten Reich waren die Gewänder schlicht: ein einfacher Schurz für die Männer, für die Frauen ein entzückendes, eng anliegendes Trägerkleid, das die Brüste frei ließ. Im Neuen Reich hingegen prahlte man mit eleganten und raffinierten Kleidern, worüber die damaligen Weisen nicht unbedingt glücklich waren.

AREK
sich anziehen, sich kleiden

Das Wort besteht aus ⌐, A + ⌐, R + △, K = AREK und wird bestimmt durch das Stück gefalteten Stoffes ↑, das auch «sich biegen, sich beugen» bedeutet, was man ja beim Anziehen tun muss. Aber erscheint es nicht seltsam, dass das gleiche Wort AREK mit einem anderen Determinativ «wahrnehmen, sich einer Sache bewusst werden, vernünftig sein» heißt? Wollten die Ägypter etwa damit sagen, dass man sich vernünftig kleiden und keine Zeit mit modischen Verrücktheiten verlieren soll?

Zur Arbeit gehen

Ist man fertig angezogen, muss man schließlich in die Schule oder zur Arbeit gehen. Eine ganze Reihe Hieroglyphen helfen einem, sich auf den Weg zu machen:

PERI
Na los! Geh schon!

Das Wort besteht aus ⊏⊐, PER + , I = PERI; der Stamm PER bedeutet «aus dem Haus gehen, aufsteigen». Nun kann man sich anmutig und leicht fortbewegen, wie ein Schilfblatt auf Beinen:

II

gehen, kommen

Das geläufigste Verb der Bewegung ist aber das Beinpaar mit dem Wachtelküken dahinter, das gerne flink umherläuft:

IU

kommen

Der Riegel auf den Beinen dient dazu, einen Marschbefehl zu geben:

IS

Auf geht's!

Wenn man gut und kräftig ausschreitet, kann man sogar ein Wasserbecken tragen:

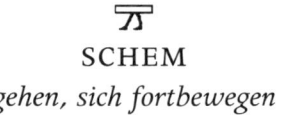

SCHEM

gehen, sich fortbewegen

Ist das vielleicht eine Anspielung auf die ständige Bewegung des fließenden Wassers?

Ganz einfach lässt sich ausdrücken, wenn man beim Gehen etwas tragen muss – nämlich mit einem Gefäß auf langen Beinen:

IN

herbringen, wegtragen, holen

Das davon abgeleitete Wort INU, «das, was man mitnimmt», bezieht sich insbesondere auf «die Matte» (kann aber auch «Produkte, Abgaben, Beiträge» heißen!). Für einen Ägypter gab es keinen wichtigeren Gegenstand als seine Matte, die ihm als Decke, Bett und sogar als Leichentuch diente und die er stets bei sich trug.

Begrüßungsformeln

Um «guten Tag» zu sagen, verwendete man diesen Ausdruck:

INEDJ	HER	K
es sei geschützt	*das Gesicht*	*von dir*

Dieser sehr alte Gruß hat den Forschern viele Probleme bereitet, und bis heute wissen sie nicht, welchen Gegenstand die Hieroglyphe ⚲ darstellt. Eine hübsche Aufgabe für künftige Ägyptologen. Allerdings wissen wir, dass das seltsame Kreuz als NEDJ zu lesen ist. Vor diesem Verb NEDJ steht hier ein I, daher der Ausdruck INEDJ, den das Determinativ ⚩ für abstrakte Begriffe kennzeichnet. Der Stamm NEDJ bedeutet «grüßen», aber auch «beschützen, um Rat fragen, sich erkundigen, befragen, (jemand aus einem Unglück) retten». Wenn man also jemandem auf ägyptisch einen «guten Tag» wünscht, sind alle diese Bedeutungen inbegriffen.

Eine andere Art zu grüßen ist:

NINI

Aus den Händen des Grüßenden strömt dabei eine Energie, die auf den Gegrüßten übertragen wird. NINI ist auch die magische Formel, mit der Isis ihren Brudergemahl Osiris aus dem Tod zum ewigen Leben erweckt.

Und noch ein letzter schöner Gruß:

II UI
Willkommen!

An die Arbeit!

Die alten Ägypter waren Meister in der Organisation der Arbeit. Im Einrichten und reibungslosen Betrieb von Baustellen konnte ihnen keiner das Wasser reichen.

BAK
arbeiten

BAK wird mit dem Vogel Ba, , und ⏞, K, gebildet; bestimmt wird das Wort durch den ausgestreckten Arm, der einen Stock hält und damit eine Anstrengung andeutet.

Aber was hat der Vogel Ba, den man oft als «Seele» auslegt, mit der Arbeit zu tun? Wird unsere Seele etwa erst durch unsere Arbeit gebildet?

Anders determiniert kann BAK auch «der Arbeiter, der Diener» bedeuten. Von der Arbeit abgeleitet ist das Wort BAKU für «die Aufgaben», «der Ertrag», «die Abgaben» und «die Steuern».

Die Arbeit lässt sich aber auch durch einen Mann darstellen, der eine Last auf dem Kopf trägt:

KAT

die Arbeit

Man betont hier das mehr oder weniger Belastende der Arbeit, aber auch die Energie (KA), die sie einem abverlangt und die sie hervorbringt.

Du siehst, dass nach Ansicht der Ägypter die Arbeit eng mit dem unsterblichen Wesen des Menschen – mit seinem Ba und seinem Ka – verbunden ist. Daraus können wir schließen, dass die Ägypter die Arbeit in hohen Ehren hielten.

Der Adlige, der den Befehlsstab hält, ist selbst
eine Hieroglyphe, die die Idee von Größe ausdrückt.

Aus dem Grab des Mereruka in Sakkara.

Anstrengendes Eigentum

Herr oder Sklave des Besitzes?

ITJ

besitzen

Das Wortbild ☞, ITJ, stellt eine Fußfessel für Tiere dar, die auf Beine gestellt ist und durch den Mann bestimmt wird, der mit einem Stock hantiert. ITJ, «besitzen», war für die Ägypter mit Anstrengung verbunden, genauer gesagt mit «Besitz ergreifen», «erobern», «wegnehmen». Und hat man sich erfolgreich darum bemüht, Besitz zu erlangen, dann wird er zu einer Art Fessel, sei es, weil man seine Besitztümer gut festhalten muss, oder aber, weil sie es sind, die einen festhalten.

Besitz haben, reich sein, wird nicht als verkehrt angesehen, doch ist eine bestimmte Einstellung dazu nötig; eine ganz einfache Hieroglyphe, der Korb, gibt sie wieder:

◡

NEB

Der Korb NEB ist das Behältnis für die Güter und Besitztümer, doch steht er auch für den Begriff «Herr-schaft». «Der Besitzer», NEB, ist auch «Herr (über seine Besitztümer)», wenn es ihm gelingt, sie unter Kontrolle zu halten. Der Ausdruck NEB bedeutet ebenfalls «alles, jedes, jeder», und den Stamm NEB verwendet man zudem für «Gold», «ein Metall bear-beiten». Wenn man sich selbst und seinen Besitz be-herrscht, hat man dann nicht die Kunst erlernt, irdi-sche Güter in göttliches Gold zu verwandeln?

Die andere Art des Besitzens wird durch die Präposi-tion ausgedrückt:

CHER

unter, im Besitz von

«Unter etwas» sein heißt etwas tragen, es also besitzen, aber zugleich das Gewicht der betreffenden Sache er-tragen. CHERET, «das Besitzgut», ist «die getragene, ertragene Sache»; das Wort wird auch übersetzt als «die Grundlage», «der untere Teil». Wir erinnern uns, dass CHERUT die «untere Partie» des Mannes – seine Hoden – bezeichnet.

Hüten muss man sich nach Ansicht der Ägypter davor, dass sich der Reichtum zu sehr vermehrt und dadurch nicht mehr zu kontrollieren ist. Dafür wählten sie das Symbol der Eidechse:

ASCHA

die große Zahl, die Menge

«Den Schwätzer», der zu viel redet, nannten sie ASCHA-R, das heißt wörtlich «(er hat) die Eidechse im Mund».

Kapital und Zinsen

Auch wenn sich das durch Arbeit erworbene Kapital vom lateinischen Wort caput – «der Kopf» – herleitet, ist die Verbindung von Kopf und Kapital doch viel älter, denn sie findet sich bereits auf den Hieroglyphen.

TEP

der Kopf

In Dokumenten der Verwaltung und der Staatskasse erscheint das Wort «Kopf» genau in der Bedeutung «das Kapital», «der Arbeitslohn». Legt man sein Geld oder sein Kapital gut an, dann bekommt man Zinsen. Die Hieroglyphen drücken das so aus:

FAT

das, was einträglich ist = die Zinsen

Fremde Länder, die der Pharao
unterworfen hat, erscheinen
als gefesselte Gestalten; ihre
Namen sind in den Kartuschen
vermerkt. Aus Karnak.

Mit Hieroglyphen unterwegs

Die Ägypter reisten viel und benutzten dabei eine großartige «Autobahn», die schon damals gebührenpflichtig war: den Nil. Es ist daher nicht verwunderlich, dass die beiden geläufigsten Ausdrücke für «reisen» aus der Seefahrersprache stammen:

CHED

nach Norden fahren (stromabwärts)

CHENET

nach Süden fahren (stromaufwärts)

Die erste Hieroglyphe stellt drei große irdene Wassergefäße dar. Noch eine Menge anderer Ausdrücke für «reisen» werden durch das Schiff ⮫ oder die gehenden Beine ⌿ gekennzeichnet.

Die Landstraße wird durch folgendes Bild symbolisiert:

UAT

die Straße, der Weg

Das Zeichen zeigt die Straße selbst und die Bäume oder Pflanzen entlang des Weges, die der Schreiber liegend zeigt, damit sie zu sehen sind. Eine gute Straße musste also von Bäumen gesäumt sein, die dem Reisenden, der ja zu Fuß auf der UAT ging, angenehmen Schatten spendeten.

Den folgenden wichtigen Satz solltest du kennen:

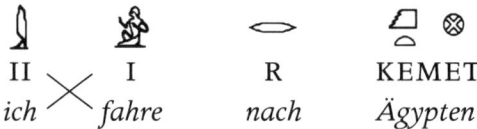

II	I	R	KEMET
ich	*fahre*	*nach*	*Ägypten*

«Ägypten» wird hier mit der Hieroglyphe ⊿ geschrieben, die vielleicht ein Stück der Schuppenhaut eines Krokodils darstellt; der Wortstamm KEM bedeutet «schwarz», Ägypten wird hier also als «die schwarze Erde» bezeichnet, die durch die Ablagerungen des Nilschlamms fruchtbar wird. Das Wort wird vervollständigt durch das weibliche T ⌒ und das Determinativ, das das Wort als geographischen Ausdruck kennzeichnet.

Allen, die nach Ägypten aufbrechen wollen, wünsche ich:

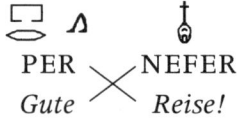

PER	NEFER
Gute	*Reise!*

In der Fremde

Obwohl die Ägypter viele Fremde gastfreundlich bei sich aufnahmen, fühlten sie sich doch ihrem eigenen Land, ihrer eigenen Kultur und Religion überaus stark verbunden. Fremde Kulturen gingen in der ägyptischen Kultur auf, nicht etwa umgekehrt. Alle fremden Völker wurden durch den Ausdruck «die neun Bogen» symbolisiert; daher sind auf den Statuen oft neun ⌒ zu sehen, eingezeichnet unter den Füßen des Pharaos, der auf diese Weise seine magische Herrschaft markiert, um Unruhen und Invasionsgefahren zu bannen. Mit einem Augenzwinkern sei noch vermerkt: Das ägyptische Wort für einen Ort im Ausland ist

B B R
BEBER
das Ausland, die Fremde

BEBER erinnert an Babel, die Stadt, wo zum Unglück der Menschheit die Sprachverwirrung entstand, und dazu passt, dass die Ägypter glaubten, dass aus dem Ausland BEBER Chaos und Unglück kamen.

Hier siehst du die Keule HEDJ, die auch
«die Weiße, die Erhellende» genannt wird.
Mit ihr tötet der Pharao seine Feinde und
weiht die Opfergaben. Aus dem Grab der
Prinzessin Idut in Sakkara.

222 Zu den Waffen!

Zu den Waffen!

Ein ganzes Arsenal

Das Böse muss bekämpft werden. Ohne besonders kriegslustig zu sein, besaßen die Ägypter doch eine gut organisierte und fähige Armee, die im Stande war, das Land gegen Eroberer aus dem Sudan, aus Libyen oder Asien zu verteidigen. Dafür gibt es das anschauliche Zeichen:

$$
\text{(Hieroglyphe)}
$$

AHA

kämpfen, bekämpfen

Die Hieroglyphe zeigt zwei Arme, von denen der eine einen Schild, der andere eine Keule hält, gewissermaßen das, womit man sich verteidigt und womit man angreift. Zwei weitere Hieroglyphen dienen als Determinative für Wörter, die eine Anstrengung oder einen Kampf bedeuten:

der ausgestreckte Arm mit einem Stock;
der aufrechte Mann, der mit einem Stock hantiert.

kann man auch als NECHT, «siegreich», lesen, denn es geht um eine Anstrengung, die von Erfolg gekrönt wurde.

Und womit kämpfte man in Ägypten?

Mit der Keule ⌠, HEDJ; damit konnte man den Kopf eines Feindes buchstäblich zertrümmern.

Mit Pfeil ⊶ und Bogen ⌂.

Mit dem Dolch ⌠, der außerdem den Begriff «erster, vorherrschend» bezeichnet.

Und mit dem Wurfstock ⌐; der wiederum steht nicht nur für die Verben «werfen» und «schleudern», sondern kennzeichnet auch eine Sippe, einen Volksstamm. Erstaunlich ist, dass er auch die Idee der Schöpfung beinhaltet, ganz so, als wäre diese als Wurf konzipiert.

Die wirksamste Waffe: die Magie

Wenn es ein ägyptisches Wort gibt, das du kennen musst, um den Härten des Daseins zu begegnen, dann ist das:

𓎛𓎡𓀁

HEKA

die Magie

Das Wort wird aus 𓎛, H + 𓎡, KA = HEKA gebildet und ist als abstrakter Begriff gekennzeichnet. Wenn man die Macht der Magie richtig anzuwenden versteht, erlaubt sie einem, die Energie zu beeinflussen, die die Welt der Lebenden und der Toten miteinander verbindet. Ein Pharao lehrte seinen Sohn, dass HEKA einem Menschen dabei helfen kann, ein böses Schicksal abzuwenden, Verhängnisvolles erfolgreich zu bekämpfen. Das Universum ist voller HEKA; der Mensch, der darum weiß, hat die Aufgabe, HEKA zu erkennen und mit Vorbedacht zu nutzen.

Zur Führung: Stock und Messer

UDJ
befehlen, regieren, verordnen,
wie ein Steuermann/Lotse handeln

UDJ ist ein sehr starker Ausdruck, der vor allem für den Befehl verwendet wird, den der Pharao gibt, um der Politik des Landes die Richtung zu weisen. Das Zeichen ⌀ ist ein Stock, um den ein Strick gewickelt ist; der Stock regiert, das Seil verbindet.

UDJ bedeutet auch eine (vom Pharao befohlene) «Expedition», eine «Inschrift» (mit Worten des Pharaos), eine «Stele» (auf der in eingemeißelten Hieroglyphen die Gedanken und Erlasse des Pharaos bekannt gegeben wurden).

SESCHEM
führen, leiten, unterrichten, den Weg weisen

Das ist ein anderer geläufiger Ausdruck; die Hieroglyphe zeigt ein Messer auf Beinen. Mit diesem Messer kann man schneiden, sich einen Weg durch das Dickicht des Lebens bahnen und auf diesem Weg richtige Entscheidungen treffen, um vorwärts zu kommen. Nur wer mit einem gut geschärften Messer schneiden kann, versteht es, auch sein Leben richtig zu führen.

Übung 5

1. Wenn du am 𓊵𓃰𓇳 munter bist, bist du dann ein Morgen- oder ein Abendmensch?

2. Wie muss man sich gegenüber 𓆸𓃭 verhalten?

3. Wie bewegt sich jemand, der 𓏴𓂽 ?

4. Muss einen 𓂋𓂋𓄿 sehr beschäftigen?

5. Ist 𓐍 eine Ermutigung oder eine Beleidigung?

6. Welcher Unterschied besteht zwischen 𓏏 und 𓏺 ?

7. Magst du BAK, 𓅡 𓏤 ?

8. Welche Anstrengung gibt das Verb 𓐍𓂝 wieder?

9. Welche Hieroglyphe enthält den Begriff «Besitz» und «Herrschaft»?

10. Worauf stößt man angesichts von 𓄿 ?

11. Warum sollte man auf der ⚏ vorsichtig sein?

12. Warum werden die Pharaonen oft mit ⌣◻ gekenn-
    zeichnet?

13. Wozu dient 𓏏𓂝𓏏 ?

14. Was tut man, wenn man ❘ ?

15. Ist 𓅮 leicht oder schwer?

Eine junge, angeleinte Gazelle folgt
einem Mann, der Lotusblumen
trägt. Sind Friede und Harmonie
nicht die schönsten Errungen-
schaften der Hieroglyphen?
Aus dem Grab der Prinzessin Idut in
Sakkara.

Alter und heitere Gelassenheit

Die nützlichen Alten

Wie Pharao Ptahhotep sagte, ist das Alter wegen all der Übel, mit denen es einen Menschen überhäuft, eine Prüfung. Folglich wird es von einem unter dem Gewicht der Jahre gebückten Mann symbolisiert, der sich beim Gehen auf einen Stock stützt:

IAU

alt sein

Aber der Ausdruck IAU hat den gleichen Stamm wie das Wort IAUT, «nützlich sein». Der Alte erfüllt nämlich eine wesentliche Aufgabe; er ist überaus nützlich, weil ihm wie dem einhundertundzehn Jahre alten Ptahhotep die Aufgabe zufällt, seine große Lebenserfahrung und Weisheit an die Jungen weiterzugeben. IAU bedeutet auch «verehren, anbeten»; der Alte ist ehrbar, wenn er seine Aufgabe erfüllt; er selbst verehrt die Götter und das Leben.

Am Opfertisch zur Ruhe kommen

HETEP

Das ist ein Opfertisch, auf dem ein Brot liegt. Dieser in den Texten häufig vorkommende Ausdruck bedeutet nicht nur «Opfertisch», sondern auch «Friede, Gelassenheit, Zufriedenheit, Fülle, innere Ruhe». Indem man den Göttern Opfer bringt und ihnen Speisen anbietet, gelangt man in den Zustand der HETEP, der die Weisen auszeichnet.

HETEP ist auch der Sonnenuntergang, der Augenblick, wo sich die Abendstille über das Land breitet. Es wird nicht mehr gearbeitet, die Zeit der Erholung, der Andacht und der Stille bricht an. Der Weise setzt sich dann wie ein Schreiber vor den Opfertisch und gelangt zu HETEP, zu innerer Ruhe und Gelassenheit. Wenn der Mensch sein Leben richtig geführt hat, gelangt er in Frieden (HETEP) ans Ufer der anderen Welt.

«Friede und Liebe», das berühmte «peace and love», drückt man mit Hieroglyphen so aus:

HETEP	HENA	MERUT
Friede	*und*	*Liebe*

Hieroglyphen für die Ewigkeit

Wenn das Schiff des Lebens im letzten Hafen anlegt

Der körperliche Tod wird so bezeichnet:

MET

Das Wort wird gebildet aus 𓄿, M + 𓏏, T = MET und determiniert durch einen Mann, der am Kopf blutet und zusammenbricht. Das gleich lautende Wort MET bedeutet auch «das Gefäß, die Blutbahn». Für die Ägypter glich der körperliche Tod einem Gefäßriss, durch den der Energiefluss unterbrochen wird. Darüber hinaus ist das Wort «Tod» (MET) mit dem Wort «Mutter» (MUT) verknüpft, weil der Tod für die Gerechten kein Ende bedeutet, sondern den Übergang in den unendlich großen Körper der kosmischen Mutter, wo er auferstehen wird.

Auch auf andere Art kann «sterben» ausgedrückt werden:

MENI

Das Wort wird gebildet aus einem Spielbrett, ▭, das
MEN zu lesen ist, aus ～, N (eine Wiederholung des
N von MEN, die der Schreiber einfügt, um uns das Lesen zu erleichtern), und aus ⧵, I = MENI, gefolgt von
dem Determinativ ⦙, einem Anlegepfahl für Schiffe.
MENI bedeutet «anlegen, am Anlegepfahl festmachen,
fest, beständig». In der Schifffahrt besagt dieser Ausdruck, dass die Fahrt gut verlaufen und das Schiff or-
dentlich vertäut ist. Er wird auch für «sterben» verwendet, denn die lange Reise auf dem Fluss des Lebens,
die Freud und Leid mit sich bringt, hat irgendwann ein
Ende, und dann muss der tüchtige Seefahrer anlegen
und sein Schiff an einem soliden Pfahl festmachen.

Ein recht lebendiger Tod

Nun sind wir also tot, wirklich tot. In welches Reich
kommen wir, nachdem der Totenrichter Osiris sein Urteil zu unseren Gunsten gefällt hat? In einen genau be-
nannten Raum:

CHERET NETER

unterhalb Gottes

▥ = CHERET, «das Untere», «das Stützende».
⧘ = NETER, «der Gott».
Das Zeichen für NETER ist in das Innere von ▥ hinein-
gesetzt, um zu zeigen, dass das Göttliche darüber wal-
tet. ⌒ ist das Determinativ; es zeigt deutlich, dass sich
die Totenstadt (die so genannte Nekropole) in einem
Wüstengebiet befindet. Dieses «unterhalb Gottes» ist
die Welt der Toten, die Welt der Stille. Jede Nacht fährt

die Sonne auf ihrer Barke durch dieses Reich, um den Toten die Energie für die Auferstehung einzuflößen.

Das Wort «Sarkophag» stammt aus dem Griechischen und bedeutet «Totenfleischesser»; die ägyptische Bezeichnung dafür besagt das genaue Gegenteil:

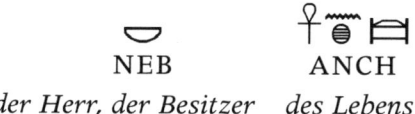

NEB   ANCH

der Herr, der Besitzer   des Lebens

Die Hieroglyphen bringen damit klar zum Ausdruck, dass der Sarkophag für die Ägypter nicht der Ort des Todes und des Verfalls ist, sondern im Gegenteil die neu belebende Sphäre (vergleichbar mit einer Barke), in der sich die Auferstehung vollzieht. So ist auch das Grab kein Todesort, sondern:

PER   DJET

die Wohnstätte für die Ewigkeit

Der Ba und der Ka

Unsere Sicht des Menschen ist eher oberflächlich: eine Seele und ein Körper, für viele sogar nur ein Körper, der mit einem komplizierten Mechanismus – dem Verstand – ausgestattet ist. Die Ägypter stellten den Menschen nicht an die Spitze der Schöpfung, doch betrachteten sie ihn als ein vielseitiges, mit einer Reihe geistiger Fähigkeiten bedachtes Geschöpf.

BA

Seele

Der Ba ist das Element aller Lebewesen, das nicht an den Körper gebunden ist und sich frei durch Raum und Zeit bewegen kann. Sein Sinnbild ist der Marabu, ein langbeiniger schöner Storchenvogel. Der Ba findet sich in allen Welten zurecht. Er kann den Leichnam und das Grab verlassen und zur Sonne fliegen, seinen Durst mit ihrer Energie stillen und wieder zur Mumie, dem unsterblichen Körper, zurückkehren. Während der Körper der Erde verhaftet bleibt, gehört der Ba zum Himmel und wird in den Sternen gesehen, den «tausend Bas» der Himmelsgöttin Nut. Die Wiedervereinigung von Ba und Körper ist entscheidend dafür, dass der Tote im Jenseits weiterleben kann. Fesselt oder zerstört man den Ba, dann nimmt man dem Verstorbenen die Chance der Auferstehung und verdammt ihn zum «zweiten Tod» und damit zum endgültigen Nichtsein. Deshalb gibt es verschiedene Zauberformeln, die sicherstellen, dass der Ba nicht entfernt werden kann. Neben dem Ba gilt es, den Ka zu bewahren:

KA

Lebenskraft, Lebensenergie

Der Ka ist die Energie im reinen Zustand; sie ist überall, im Stern, im Tier, in der Pflanze, im Stein ... und im Menschen. Durch Essen kann man diese Energie vermehren, führt man doch seinem eigenen Ka die Energie

Zwei Hieroglyphen: Die Peitsche auf der Linken
ist mit dem Osiriskult und dem Glauben an die
Auferstehung verbunden. Mit dem Fächer zur
Rechten schreibt man das Wort «Schatten»; die
Ägypter glaubten, dass der Schatten eines Lebe-
wesens nach seinem Tod weiterleben würde.

Aus dem Grab des Mereruka in Sakkara.

anderer Wesen zu – «für deinen Ka» ist der Segens-
wunsch, mit dem die Ägypter einander Speise und
Trank anbieten, während alles Ungenießbare und Stö-
rende «ein Abscheu für den Ka» ist. Im Tod trennt sich
der Ka vom Körper, um sich im Jenseits wieder mit ihm
zu vereinigen. Die Ägypter sagten deshalb, die Toten
«gehen zu ihrem Ka»; das Grab nannten sie auch
«Haus des Ka».

Die Auferstehung ist vollzogen, wenn der Verstorbene zum Lichtwesen geworden ist:

ACH

Der Vogel ACH ist ein Ibis comata mit glänzendem Gefieder. Das Wort ACH bedeutet «aus Licht bestehen» bzw. «leuchten», aber auch «nützlich sein». Der Stamm ACH dient zur Bildung von Wörtern wie «das göttliche Auge», «die Flamme», «der leuchtende Stern», «das lichte Land», «die fruchtbare Erde», der Königspalast», «der geheime Ort des Tempels». Es gibt gewiss nichts Beneidenswerteres, als ACH zu werden und «ins Licht zurückzukehren», aus dem der Gerechte einst hervorgegangen ist.

Ein Menü für die Ewigkeit

Der nette, kleine und diskrete Frosch  auf den Flachreliefs hat mit der Meteorologie des alten Ägypten nichts zu tun; er ist ein Symbol für die Ewigkeit. In den Aufzeichnungen begegnet man oft zwei anderen Arten, die Ewigkeit in Hieroglyphen einzufangen:

NECHECH
die leuchtende Ewigkeit
mit der Sonne im Zentrum

DJET
die zyklische Ewigkeit

mit dem Zeichen der großen Schlange und der Erde (⌒).

Damit man Zugang zu einer glücklichen Ewigkeit erlangt, muss man «wahrhaftig» und ⚱︎⚚, DI ANCH, «mit Leben beschenkt», sein. Vorsichtshalber und um sicher zu sein, dass es einem an nichts fehlen wird, sollte man auf seine Grabstätte ein Menü mit genau den Speisen einmeißeln lassen, die man sich im Jenseits wünscht:

CHA M T
tausend an Brot = tausend Brote

CHA M HENKET
tausend an Krug voll Bier
= tausend Bierkrüge

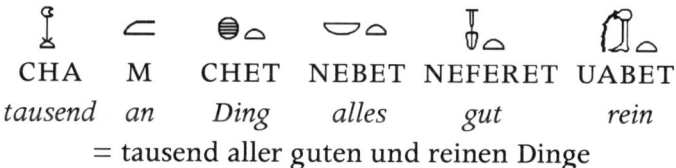

CHA M CHET NEBET NEFERET UABET
tausend an Ding alles gut rein
= tausend aller guten und reinen Dinge

Wenn der Auferstandene so gesättigt ist, gesellt er sich zu

ICHEMU SEK
denen, die nicht sterben

Das sind die Sterne, die den Polarstern umgeben, wie die Großen den Pharao umgeben.

Übung 6

1. Welche Hieroglyphe verkörpert heitere Gelassenheit und Frieden?

2. Welcher Unterschied besteht zwischen 𓅂 �———𓅡 und 𓏭 𓊪𓊪 ?

3. Warum war der Ägypter beim Anblick des fliegenden Ibis comata 𓅡 entzückt?

4. Warum solltest du deinen Freunden 𓊽𓋹 wünschen?

Anhang

Der Pharao bei der Feueropfergabe.
Aus dem Grab von Ramses VI.
im Tal der Könige.

Aufruf an die Lebenden

Jeder, der nach Ägypten mit der lobenswerten Absicht fährt, die großartigen Grabstätten von Sakkara und Theben zu besuchen, sollte diese Inschrift kennen, die häufig auf einer Außenmauer der Kultstätten angebracht ist und sich an die Lebenden wendet:

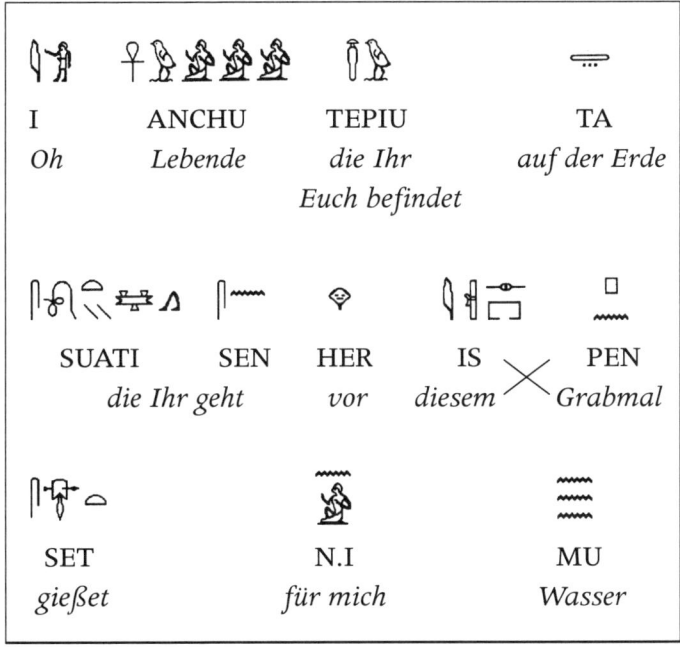

Vom Türsturz blicken zwei Augen auf
denjenigen herab, der ins Jenseits ein-
tritt. Aus dem Ägyptischen Museum in
Kairo.

242 Anhang

Amun, Herr über Karnak

Dies ist ein kleiner Text, den die Besucher der großen Tempel von Karnak und Luxor auf den Mauern leicht ausfindig machen können:

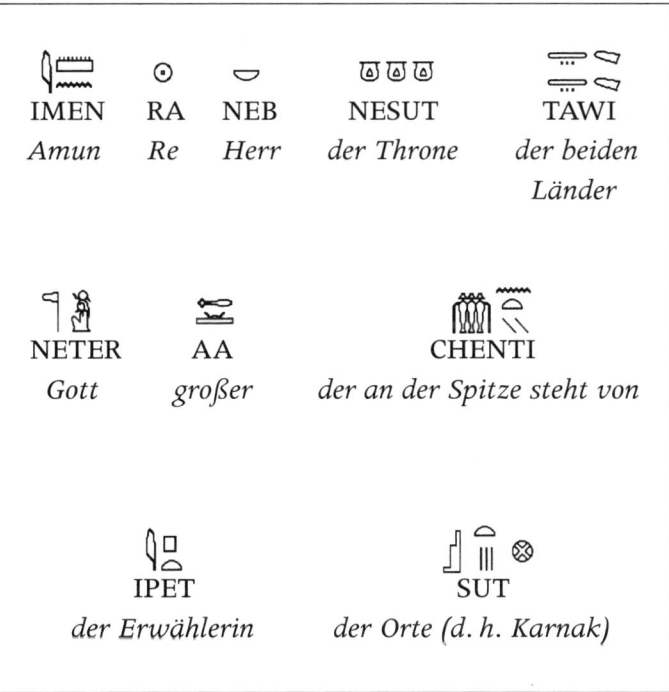

IMEN	RA	NEB	NESUT	TAWI
Amun	*Re*	*Herr*	*der Throne*	*der beiden Länder*

NETER	AA	CHENTI
Gott	*großer*	*der an der Spitze steht von*

IPET	SUT
der Erwählerin	*der Orte (d. h. Karnak)*

Der Obelisk auf der Place de la Concorde in Paris.

Die Entschlüsselung des Obelisken in Paris

Weißt du, was ein Obelisk ist? Das ist ein langer, meist rechteckiger, aufrecht stehender Monolith (ein Stein aus einem Block), der oben spitz zuläuft. Der Name leitet sich vom griechischen «obeliskos» her, das heißt Bratspieß. Um einen echten ägyptischen Obelisken zu sehen, musst du nicht unbedingt nach Ägypten fahren, denn es gibt sie fast auf der ganzen Welt. Ein berühmter Obelisk steht zum Beispiel auf der Place de la Concorde in Paris. Er ist 23 Meter hoch und ungefähr 227 Tonnen schwer und stammt ursprünglich aus dem Tempel von Luxor in Oberägypten. Er ist einer der beiden Obelisken, die den Pylon (das große Eingangstor) auf der Westseite des Tempels flankierten; der andere steht noch heute dort.

Es ist das Verdienst von Jean François Champollion, dem genialen Entschlüsseler der Hieroglyphenschrift und Retter ägyptischer Überlieferungen aus der Zeit der Pharaonen, dass der Obelisk von Luxor nach Paris gebracht wurde: Als Champollion sich 1829 in Ägypten aufhält, erfährt er, dass die Engländer mit Mehemet-Ali, dem allmächtigen Herrscher über Ägypten, verhandeln, weil sie ihm mehrere Obelisken abkaufen wollen. Da verwandelt sich der Ägyptologe in einen Geschäftsmann.

Um den Franzosen zumindest einen der Obelisken von Luxor zu sichern, die er zu Recht als von Zerstörung bedrohte Meisterwerke betrachtet, schlägt Champollion vor, den Transport des Monolithen von Luxor nach Paris gegen eine Zahlung von 300 000 Francs zu gewährleisten. Es ist natürlich eine große Ehre für Frankreich, ein solches Denkmal in seiner Hauptstadt errichten zu dürfen, und so gibt der französische König Karl X. seine Zustimmung.

Die französischen und ägyptischen Behörden einigen sich und billigen die Wahl Champollions, der folgende Bedingung stellt: Mit dem Transport dürfe auf keinen Fall ein Gelehrter, sondern nur ein praxiserfahrener Architekt betraut werden.

Im November 1829, kurz vor Champollions Abfahrt nach Frankreich, bestätigt Mehemet-Ali endlich, dass der von Champollion ausgesuchte Obelisk auch wirklich nach Paris gebracht werden darf.

1830 kommt ein Gesandter des französischen Königs nach Alexandria, um den Handel perfekt zu machen. Da sich die Beziehungen zwischen Frankreich und Ägypten zu verschlechtern drohen, gilt es, nicht viel Zeit zu verlieren. Nach der Zahlung an Ägypten wird ein gewisser Jean-Baptiste Apollinaire Lebas mit dem Transport des Obelisken beauftragt. Für diese immense Aufgabe lässt Lebas ein spezielles Schiff anfertigen – die *Luxor*. Sie verlässt die französische Hafenstadt Toulon im April 1831 und kehrt mit ihrer kostbaren Ladung im April 1833 aus Ägypten zurück.

Nach einer Überfahrt von vierzig Tagen legt die *Luxor* in Toulon an.

Doch erst Ende Dezember 1833 erreicht der Obelisk Paris und wird dort wiederum erst am 25. Oktober 1836 vor ungefähr zweihunderttausend Schaulustigen auf der Place de la Concorde aufgestellt. Bis zum letzten Augenblick hatte Lebas größte Befürchtungen – und zu Recht, denn plötzlich drohte das aufs äußerste gespannte Tauwerk zu reißen. Da rief ein anonym gebliebener Zuschauer laut: «Macht die Seile nass!» Diese Maßnahme erwies sich als überaus wirksam, und nun ragt die Steinspitze nach ihrer zweiten Geburt hoch auf in den Pariser Himmel.

Der Obelisk der Concorde ist das älteste Denkmal von Paris. Ramses II. hatte ihn einst geweiht, und der Obelisk macht ihn, «den siegreichen Pharao», zum ältesten Beschützer der Hauptstadt.

In der heiligen Sprache der alten Ägypter heißt der Obelisk TECHEN. Der Ausdruck ist gleichbedeutend mit «Schutz» und «Verteidigung». Die große Steinspitze soll die Wolken durchstoßen und negative Kräfte zerstreuen, die sich, sei es als sichtbare oder als unsichtbare Gewitter, immer wieder über dem Tempel zusammenbrauen können.

Der erste Obelisk, der zugleich das Modell für alle späteren Monolithen war, wurde in der Stadt Heliopolis errichtet, der «Stadt des Pfeilers» nördlich des heutigen Kairo, die mit ihrem berühmten Sonnenheiligtum das religiöse Zentrum des alten Ägypten bildete. Heliopolis verfiel noch im Altertum, und in späteren Jahrhunderten benutzten die Araber die Steine der Ruinen zum Bau von Kairo – lediglich ein Obelisk von Pharao Sesostris I. ist von der heiligen Stadt erhalten geblieben. Im Alten Reich wurde kurze Zeit nach den großen Pyramiden von Gizeh, am Ort Abu Gorab im Norden von Sakkara, sogar ein Tempel extra für die Obelisken erbaut. Der berühmteste Obelisk des Neuen Reiches wurde in Karnak-Ost errichtet; er ist der höchste bekannte Obelisk und befindet sich heute im Lateran des Vatikans in Rom. Gewöhnlich waren es immer zwei Obelisken, die den Tempel magisch schützen sollten. Doch waren sie so begehrt, dass man seit dem Altertum damit begann, sie von ihren Standorten wegzuholen. Deshalb kannst du heute original ägyptische Obelisken in Rom (Weltrekord: 13), Istanbul, New York, London und in Paris bewundern.

Wenn du den Obelisken in Paris betrachtest, siehst du, dass jede Seite eine Szene zeigt, die als Relief am Ansatz des Pyramidions und in drei vertikalen Textreihen erscheint. Das Pyramidion ist die pyramidenförmige Spitze des Obelisken – seine Krönung. Es symbolisiert den Urstein, der aus dem Urmeer am ersten Morgen der Welt auftauchte. Es war mit Gold überzogen, dem Metall, von dem die Ägypter sagten, es sei «das Fleisch der Götter».

Den Namen von Ramses II. findest du in den Kartuschen geschrieben; diese ovalen Seilschlingen, die auf einer Seite mit einer Schleife geschlossen werden, symbolisieren das Universum, über das der Pharao herrscht.

Auf der den Champs-Élysées zugewandten Obelisken-seite zeigt das Relief am Ansatz des Pyramidions den Pharao, wie er Amun, dem Verborgenen, Wein als Opfergabe darbringt. Dazu steht geschrieben:

Gesprochene Worte von Amun-Re, Herrscher der Throne der beiden Länder (das heißt von Ober- und Unterägypten).

Zu sprechende Worte: Ich verleihe dir alles Wohlergehen.

Zu sprechende Worte: Ich verleihe dir alle Herzensfreude.

Die Inschrift über dem König lautet:

Der vollendete Gott, Herr der beiden Länder, User-Maat-Re[1], Sohn des Re, Herr der Kronen[2], Ramses, den Amun liebt, der mit Leben beschenkt ist, wie das Göttliche Licht (Re), in alle Ewigkeit.

Auch die Opfergeste wird erläutert:

Amun-Re den Wein reichen.

Wenn man den Obelisken von den Champs-Élysées aus betrachtet, lautet die vertikale Inschrift zur Linken:

Horus[3]:

Starker Stier[4], mit machtvollem Arm, Herrscher, der jedes fremde Land erobert.

---

1 Einer der Namen von Ramses II., der sich übersetzen lässt als «die Harmonie des Göttlichen Lichts ist mächtig».

2 Das Wort, das wir mit «Herr der Kronen» wiedergeben, könnte auch mit «Herr der Erscheinungen» übersetzt werden.

3 Vor jedem Namen des Königs steht ein ritueller Titel: Horus steht hier für himmlischer Falke, Hüter des Königtums, König von Ober- und Unterägypten usw.

4 Mit der Nuance «von siegreicher Macht».

König von Ober- und Unterägypten, User-Maat-Re, den Re erwählt hat.
Der Sohn des Re:
Ramses, den Amun liebt. Alle fremden Länder bringen ihm ihre Abgaben.
König von Ober- und Unterägypten, User-Maat-Re, den Re erwählt hat.
Ramses, Sohn des Re, den Amun liebt, er lebe ewig.

Die vertikale Inschrift auf der Mitte der Seite:
Horus:
Kräftiger Stier, den Maat liebt.
Die beiden Herrinnen[1]:
Derjenige, der Ägypten beschützt, und der, der fremde Länder erobert.
Goldener Horus:
Reich an Jahren und großen Siegen.
König von Ober- und Unterägypten:
User-Maat-Re, Prinz der Prinzen, Same des Atum und eins mit ihm, auf dass er sein Königtum auf Erden in Ewigkeit errichten, auf dass er den Tempel Amuns mit Lebensmitteln versorgen kann. Ramses, der Sohn des Re, den Amun liebt, hat das für ihn nach dem Ritus getan. Er lebe ewig.

---

1   Die Rede ist von den beiden Göttinnen, die Ober- und Unterägypten beschützen.

Vertikale Inschrift zur Rechten, wenn man zum Obelisken schaut:

Horus:

Kräftiger Stier, den Re liebt, Herrscher mit der großen Leidenschaft zu siegen, mit erschreckender Kraft; er lässt mit seiner Tapferkeit jedes Land erzittern. König von Ober- und Unterägypten, User-Maat-Re, von Re erwählt.

Sohn des Re:

Ramses, den Amun liebt, Montu[1], Sohn des Montu, der seinen starken Arm einsetzt.

König von Ober- und Unterägypten, User-Maat-Re, von Re erwählt.

Ramses, Sohn des Re, den Amun liebt, der mit Leben beschenkt ist.

Wenn du um den Obelisken herumgehst, wirst du feststellen, dass der Aufbau der einzelnen Seiten des Obelisken immer gleich ist. Ganz oben am Pyramidion wird dargestellt, wie der Pharao den Göttern Wein, der göttliche Trunkenheit herbeiführt, oder reinigendes Wasser opfert. Die Opferszene steht an höchster Stelle, weil das Opfern die zentrale kulturelle Handlung im alten Ägypten war.

In den vertikalen Texten auf den vier Seiten werden die vielen Namen und Eigenschaften des Königs Ramses ständig wiederholt, um seine Unsterblichkeit zu beteuern und zu unterstreichen, dass ihn die Götter mit den wichtigsten Eigenschaften beschenkt haben: Leben, Kraft, Ausdauer, Wohlergehen und Großzügigkeit.

---

1 Montu ist ein kriegerischer thebanischer Gott, der dem Pharao seine ganze Kraft für den Sieg über Feinde leiht.

Auf dem Obelisken erscheint der Pharao von Glorie umgeben und in der Inkarnation des Stiers, dessen kosmische Kraft es ihm erlaubt, jeden Feind zu besiegen. Es ist der ewige Sieg des Herrschers der beiden Länder, den der Obelisk in dieser Form feiert, der Obelisk, der – wie das Vermächtnis von Ramses – beständig wie der Himmel ist.

Die Sprachformen im
alten Ägypten

Die Hieroglyphen waren die geschriebene, gemalte und gemeißelte heilige Sprache des alten Ägypten. Von der ersten Dynastie bis zum Untergang der Pharaonenreiche wurde sie von den Weisen in den Tempeln verwendet.

Neben dieser Gelehrtensprache, die mühsam und lange erlernt werden musste, gab es eine gesprochene Sprache, die sich mit der Zeit immer weiter von den Hieroglyphen entfernte. Außerdem entwickelte sich eine Schnellschrift, bei der die ursprünglichen Hieroglyphen bis zur Unkenntlichkeit verkürzt wurden – das ist die so genannte hieratische Schrift. Es handelt sich um eine Art «Steno», deren Studium einen besonderen Zweig der Ägyptologie darstellt.

Im 8. Jahrhundert vor unserer Zeitrechnung tauchte das Demotische auf – eine neue ägyptische Schriftform, die abgewandelte griechische Buchstaben enthielt; schließlich entstand im 2. Jahrhundert unserer Zeitrechnung die koptische Schrift, die das Ägyptische ausschließlich mit Buchstaben des griechischen Alphabets schreibt und also nicht nur Konsonanten, sondern auch Vokale kennt. Manche Wörter des Koptischen haben Elemente der hieroglyphischen Ausdrücke bewahrt. Champollion konnte die Hieroglyphen dank seiner Kenntnis dieser Sprache entschlüsseln, die die koptischen Christen Ägyptens noch heute in gewissen Liturgien benutzen.

Die Hieroglyphen selbst änderten sich nie grundlegend, wurden aber über die Zeit weiterentwickelt. Man unterscheidet deshalb Altägyptisch[1], Mittelägyptisch[2] und Neuägyptisch[3]. Die Ägyptologen beginnen ihre Studien mit Mittelägyptisch, das auch das «klassische Ägyptisch» genannt und in den meisten Grammatiken beschrieben wird. Viele ägyptische Erzählungen, wie die berühmte «Geschichte des Sinuhe», eines Beamten, der aus politischen Gründen nach Asien flieht und gegen Ende seines Lebens heimkehrt, sind in klassischem Ägyptisch geschrieben.

In den spätesten Epochen, insbesondere während der Herrschaft der Ptolemäer über Ägypten, schufen die Priester zwar eine Menge neuer Hieroglyphenzeichen, die zu entziffern manchmal unlösbare Probleme aufgibt, aber sie hielten der traditionellen Sprache die Treue.

Wir wissen also, dass die heilige Sprache, die der Gott Thot den ägyptischen Weisen geschenkt hat, mehr als viertausend Jahre benützt wurde, bevor sie in einen tiefen Dornröschenschlaf fiel. Erst Jahrhunderte später, im Jahr 1822, wurde sie von Champollion zu

---

1 Altägyptisch: die Hieroglyphen zur Zeit des Alten Reiches, um 2620 bis 2100 v. Chr.; die Inschriften in den Pyramiden sind in dieser Sprache verfasst.

2 Mittelägyptisch: die Hieroglyphen zur Zeit des Mittleren Reiches, von 2100 bis 1785 v. Chr., geschrieben noch wesentlich länger.

3 Neuägyptisch: von 1551 bis 525 v. Chr., Schriftsprache seit 1360 v. Chr.

neuem Leben erweckt und erfährt heute eine zweite Jugend. Die Ägypter haben ihre Wette gewonnen. Sie haben über die Geschichte, über Invasionen und den Untergang ihrer Kultur hinaus eine unsterbliche Sprache erschaffen.

Der Kopf einer Gazelle im Halbrelief oder die zur
Hieroglyphe gewordene Perfektion. Aus dem Grab
der Prinzessin Idut in Sakkara.

Für alle, die mehr wissen wollen

Wenn dich die Hieroglyphen so wie mich faszinieren und du noch mehr darüber lernen willst, dann solltest du eines der von Universitäten oder Volkshochschulen angebotenen Seminare besuchen oder Privatunterricht nehmen. Der Unterricht ist fachkundig, aber er erfordert enorm viel Eigenarbeit. Die Namen und Adressen von ausgebildeten Ägyptologen, die bei dir in der Nähe wohnen und Unterricht geben könnten, kannst du (oder deine Volkshochschule) jederzeit beim «Informationsblatt der deutschsprachigen Ägyptologie», Meiserstr. 10 in 80333 München, Tel. 0 89/28 92 75 40, erfragen.

Du kannst es natürlich auch weiterhin im Selbststudium versuchen, aber das ist verdammt schwierig, insbesondere, da die beiden umfangreichen Standardwerke auf diesem Gebiet nicht in deutscher Sprache erhältlich sind: Gustave Lefebvres *Grammaire de l'égyptien classique* (erste Auflage 1940, Kairo) und Alan H. Gardiners *Egyptian Grammar* (erste Auflage 1927, London). Lefebvres sehr trockene Grammatik ist wie ein Lehrwerk aufgemacht und versucht, die Hieroglyphensprache mit den klassischen Kategorien der Grammatik zu erfassen. Gardiner geht in seiner

Grammatik anders vor: Hier sollen die Hürden der Hieroglyphensprache allmählich anhand von zahlreichen Beispielen genommen werden, es gibt sogar Übungen (Übersetzungen aus der und in die Sprache), deren Schlüssel allerdings bedauerlicherweise nur Spezialisten bekannt ist. Später sind viele weitere Werke erschienen, aber sie alle sind schwer zugänglich und benützen ein sehr technisches Vokabular, das die alten Schreiber Ägyptens ziemlich verwundert hätte. Da man immer wieder auf Gardiner und Lefebvre zurückgreifen muss, ist es schon gut, wenn man sie kennt.

Um die echten Hieroglyphen zu studieren, musst du natürlich auch nicht unbedingt nach Ägypten oder auf die Place de la Concorde in Paris fahren, denn es gibt auf der ganzen Welt ägyptische Sammlungen und Museen, in denen man die Originalzeugnisse der Pharaonenzeit mit ihren hieroglyphischen Inschriften bestaunen kann. Im deutschsprachigen Raum befinden sich die wichtigsten in Berlin (Ägyptisches Museum und Papyrussammlung), Bremen (Übersee-Museum), Frankfurt/Main (Liebieghaus), Hamm/Westfalen (Gustav-Lübcke-Museum), Hannover (Kestner-Museum), Heidelberg (Sammlung des Ägyptischen Instituts der Universität), Hildesheim (Pelizaeus-Museum), Leipzig (Ägyptisches Museum der Universität), München (Staatliche Sammlung ägyptischer Kunst), Tübingen (Ägyptisches Institut der Universität), Wien (Kunsthistorisches Museum), Würzburg (Martin-von-Wagner-Museum der Universität) und Zürich (Universitäts-Sammlung).

Auflösung der Übungen

Übung 1:

1. Der Schreiber hat das hieroglyphische Zeichen für Gott, ⌐, gesehen, nämlich den Mast mit Fahne, der den Pfeiler des Tempels schmückt.
2. «Wort».
3. ♀, ANCH.
4. Ganz einfach: ⚱, NEFER, bedeutet «gut» und ◠, DJU, bedeutet «schlecht».
5. Weil dieses Wort ANCHUI, «die Ohren», bedeutet, und das Leben des Schülers darin besteht, viel zu hören und zu lernen.
6. Die zwei Ausdrücke werden UN I gelesen und bedeuten «ich existiere».
7. PER AA, «das große Haus», «der große Tempel», ist ein Titel des Pharaos.
8. ♀, ANCH: «das Leben», ⚱, UDJA: «der Wohlstand», ▯, Abkürzung von SENEB: «die Gesundheit».
9. Weil diese Hieroglyphe, die HEKA gelesen wird, «regieren» bedeutet.
10. ▯, der Pfahl, HEM.
11. Das Auge, ◠, IR.
12. Weil ⌐, HATI, «der Chef» bedeutet.

Übung 2:

1. Weil NUT die Göttin des Himmels ist.
2. Tagsüber, da 𓂋𓂝 𓇳, RA, die Sonne ist (bei der Fragestellung abgekürzt, ohne das Determinativ 𓇳).
3. 𓆳𓄤𓏏, RENPET NEFERET, «Jahr, gutes!».
4. Einen, denn der ägyptische Monat ABED hatte die Länge eines Mondzyklus.
5. Nein, ausgenommen zur Mittagsruhe, da es sich um HERU, «den Tag», handelt.
6. Weil MIN «heute» bedeutet, SEF «gestern» und DUAU «morgen».
7. Nein, man muss sich nur vor der Sonne schützen, da es sich um die heiße Jahreszeit, den großen ägyptischen Sommer handelt.
8. TA, «die Erde, das Land», ist für die Lebenden geeignet, CHASET, «die Wüste», für die Toten.
9. Unter 𓇋𓂝𓇋, IMA, «dem Baum», dessen Name aufbauend auf dem Stamm IMA, «Sanftheit», gebildet ist.
10. Weil HAPI die Überschwemmung des Nils bezeichnet, durch die die Felder der Ägypter bewässert und fruchtbar gemacht wurden.
11. Durch den Geier 𓅐, MUT.
12. Der Steinbock, 𓃶.
13. Die Giraffe, 𓃱, die mit ihrem langen Hals besonders gut und weit in die Ferne sehen kann.
14. Mit dem Skarabäus, 𓆣, CHEPER.
15. 𓊃, S, oder 𓋴, S.
16. «Die Frau» (mit dem Determinativ 𓁐), das Wort wird HEMET gelesen.

17. Der Schakalkopf mit langem Hals wird USER gelesen und bedeutet «stark, mächtig, reich sein».
18. Mit dem Zeichen ⌐◻, DI.

1. Weil MER «lieben» bedeutet.
2. Bestimmt nicht, denn das Wort bedeutet «schwach, klein sein».
3. Das hängt von den Umständen ab. Ein und dasselbe Wort RECH bedeutet mal «mit dem Verstand kennen» (mit dem Determinativ für abstrakte Begriffe ⫴), mal «als Liebender mit Leib und Seele kennen» (mit dem Determinativ ⌐◻).
4. Glück, Kraft und Gesundheit.
5. Weil AUT IB «ein weites Herz» heißt, und das zu haben war für die Ägypter gleichbedeutend mit Glück und Freude.
6. Ja doch, es handelt sich nämlich um IT, den Vater.
7. ∀, UP.
8. ⊤, TSCHAU, «die Luft».
9. Die Ente steht für Sohn oder Tochter.
10. Sehr schlecht, denn CHEM bedeutet «nicht wissen».
11. Selbstverständlich, denn dieses Wort REN bedeutet «Name».
12. Unbedingt, denn SEBA bedeutet «unterrichten».
13. Weil dieses Wort GER, «still sein», bedeutet und man Stille braucht, um sich konzentrieren, zuhören und lernen zu können.
14. MA bedeutet «sehen».
15. Ohne Zweifel, denn SCHED bedeutet «lesen».

16. IP bedeutet «rechnen, vermessen».
17. 234.
18. Er ist AA, «groß», und nicht NEDJES, «klein».

Übung 4:

1. Mit dem Ruder, 𓊤, CHERU.
2. TSCHES, «das Zauberwort», «der Weisheitsspruch».
3. Beides. Das erste Wort CHEMET bedeutet «denken», das zweite Wort SIA, «ahnen».
4. 𓄤, NEFER.
5. 𓆄 und ═ (MAA und MAAT).
6. Weil er beeindruckt und andächtig ist und DJESER «heilig, prächtig, großartig» bedeutet.
7. Uns fern halten, denn BIN bedeutet «böse, schlecht».
8. Unbedingt, denn AD bedeutet «Aggressivität, aggressiv sein».
9. SENEDJ bedeutet «Angst, Angst haben».
10. Weil es sich um AUN-IB, «die Habsucht», handelt.
11. Das eine ist mit dem anderen vereinbar; PER bedeutet «das Haus», NIUT «die Stadt».
12. Beide sind unentbehrlich; UNEM bedeutet «essen», SUR «trinken».
13. Warum nicht, wenn er gut ist, denn es handelt sich um IREP, «Wein».
14. Du wirst dich versengen, denn NESER ist «die Flamme».
15. Selbstverständlich, mit Vergnügen, denn es geht um SETI-R, «den guten Geschmack des Mundes», ein delikates Mittagessen also.

16 Es kommt darauf an, wer das Angebot macht, denn es handelt sich um ATJUT, «das Bett».

17. Weil es um SENEB, «die Gesundheit», geht.

18. Natürlich, es handelt sich um MU, «das Wasser».

19. ⌐▥, die Haarsträhne.

20. Du solltest ihm sagen, wo es dir wehtut, denn es ist SUNU, «der Arzt».

21. Wohl je nachdem, ob es süße oder bittere PE-CHERET, «Medizin, Medikament», ist.

Übung 5:

1. Ein Morgenmensch, denn BEKA bedeutet «der Morgen».

2. Ehrerbietig, denn HER-TEP ist der «Vor-Ge-setzte», der bestimmt und befiehlt.

3. AHA bedeutet «aufstehen, sich hinstellen, stehen».

4. Das hängt ganz von den Moden und Klimazonen ab, denn AREK bedeutet «sich anziehen, sich kleiden».

5. Eine Ermutigung, IS bedeutet: «Auf geht's!»

6. Die erste Hieroglyphe, II, bedeutet «gehen, kommen»; die zweite, IN, «bringen, wegtragen, holen».

7. BAK bedeutet «arbeiten».

8. ITJ bedeutet «Besitz ergreifen, erobern, besitzen».

9. Der Korb ⌣, NEB.

10. ASCHA ist «die Menge, die Vielzahl».

11. Weil UAT «die Straße, der Weg» ist.

12. Weil diese Hieroglyphe als NECHT, «siegreich», gelesen werden kann.

13. HEKA, die Magie, lässt einen die Prüfungen des Daseins bestehen.
14. UDJ bedeutet «befehlen, regieren, verordnen».
15. Die Aufgabe ist schwierig, denn SESCHEM bedeutet «führen, leiten, unterrichten, den Weg weisen».

Übung 6:

1. Der Opfertisch ⚊, HETEP.
2. Das erste Wort MET bedeutet nur «sterben» oder «Tod». Das zweite, MENI – «sterbend in den sicheren Hafen einlaufen, ans andere Ufer gelangen» –, bezeichnet den schönen Tod am Ende eines erfüllten Lebens.
3. Weil jeder Ägypter sich wünschte, nach dem Tod aufzuerstehen und in das Reich des Lichtes einzugehen, zu ACH zu werden, das heißt, den höchsten geistigen Zustand zu erlangen, der durch den Ibis comata symbolisiert wird.
4. Weil es bedeutet: «Sei beschenkt mit Leben!»

Ausführliches Inhaltsverzeichnis

Wir danken Tom Krausz / FOCUS für das Foto des Obelisken auf Seite 244 und dem Institut Ramsès in Paris für alle anderen Fotografien in diesem Buch. Die Ägyptenkarte auf Seite 10 wurde von Ditta Ahmadi in Berlin erstellt. Das Foto des Autors auf dieser Seite ist aus seinem Privatbesitz.

Als Dreizehnjähriger entdeckt *Christian Jacq* das Ägypten der Pharaonen durch Bücher. Mit 17 besucht er zum ersten Mal die historischen Stätten am Nil, und seitdem hat er «Ägypten in der Nase», wie die Hieroglyphen es ausdrücken würden. An der Sorbonne absolviert er ein Doppelstudium in Archäologie und Ägyptologie, das er mit einer Promotion in Ägyptologie abschließt. Er veröffentlicht zahlreiche ägyptologische Studien und gründet das Institut Ramsès, das sich dem Erhalt gefährdeter antiker Baudenkmäler in Ägypten widmet. Mit seinem Team erarbeitet er eine lückenlose Foto-Dokumentation dieser Denkmäler sowie ein Archiv mit Übersetzungen der hieroglyphischen Inschriften. Bekannt ist Christian Jacq aber vor allem als Autor von historischen Romanen über das alte Ägypten, insbesondere für seine Bestseller-Romane über den berühmten Pharao Ramses.